TAX PLANNING

简明税收筹划实务

主编　尹雪莹

上海交通大学出版社
SHANGHAI JIAO TONG UNIVERSITY PRESS

内容提要

　　《简明税收筹划实务》此书精选了大量的案例分析题,重在以对"筹划实务"详细解析的形式,从几大重要税种的角度,向读者清晰地展现了我国近年来在税收筹划实践中的基本理念、技术方法和筹划思路,同时对我国近期最新的税收法律法规和政策也进行了重点解读。

　　本书适合作为高等院校会计、金融等经管类专业的本科和专科学生的教学用书,也可作为企业管理人员培训的参考书籍。

图书在版编目(CIP)数据

简明税收筹划实务 / 尹雪莹主编. —上海:上海
交通大学出版社,2015
ISBN 978-7-313-13700-5

Ⅰ. ①简… Ⅱ. ①尹… Ⅲ. ①税收筹划–研究–中国
Ⅳ. ①F812. 423

中国版本图书馆 CIP 数据核字(2015)第 205031 号

简明税收筹划实务

主　　编:	尹雪莹			
出版发行:	上海交通大学出版社	地　　址:	上海市番禺路 951 号	
邮政编码:	200030	电　　话:	021 - 64071208	
出 版 人:	韩建民			
印　　制:	当纳利(上海)信息技术有限公司	经　　销:	全国新华书店	
开　　本:	787 mm×1092 mm　1/16	印　　张:	7.5	
字　　数:	142 千字			
版　　次:	2015 年 9 月第 1 版	印　　次:	2015 年 9 月第 1 次印刷	
书　　号:	ISBN 978 - 7 - 313 - 13700 - 5/F			
定　　价:	30.00 元			

前　　言

　　税收筹划实践活动和对税收筹划的理论研究，一般认为是从 20 世纪 50 年代末才真正开始。目前，在欧美等发达国家，税收筹划已经进入到一个较为成熟的阶段，而在我国尚处于初级阶段。但近年来，随着我国企业管理者乃至公民个人等各阶层纳税人合法节税意愿的日益增强，税收筹划活动得以迅速发展。正是基于各阶层纳税人对与自身生活密切相关的增值税、企业所得税、个人所得税等重要税种渴望深入了解的意图，在编著此书时，更加突出税收筹划实务，精简税法理论讲解。

　　本书具有两大特点：

　　(1) 结构简洁。本书精选了大量案例分析题，重在以对"筹划实务"详细解析的形式，从几大重要税种的角度，向读者清晰地展现了我国近年来在税收筹划实践中的基本理念、技术方法和筹划思路，同时对我国近期最新的税收法律法规和政策也进行了重点解读。

　　(2) 内容实用。本课程由 6 章内容构成，具体包括：税收筹划总论、增值税的税收筹划、企业所得税的税收筹划、个人所得税的税收筹划、企业重组中的税收筹划、典型案例分析。再有，值得一提的是，本书为扩展读者的专业视野，每章最后都附有一项"拓展资源"的内容。

　　本书适合作为高等院校会计、金融等经管类专业的本科和专科学生的教学用书，也可作为企业管理人员培训的参考书籍。

　　在此，感谢上海交通大学继续教育学院和上海交通大学出版社领导及编审对此教材出版的支持、指导和帮助。

编　者

2015 年 8 月

目　　录

第1章　税收筹划总论

第1节　税收筹划的概念和特点

一、税收筹划的概念

税收筹划是指纳税行为发生之前，在不违反法律、法规的前提下，通过对纳税主体的经营活动或投资行为等涉税事项做出事先安排，以达到少缴税和递延缴纳目标的一系列谋划活动。

二、税收筹划的发展

税收筹划行为的产生是伴随着税收的产生而产生的。税收筹划作为一种经济现象的研究，最早源于20世纪30年代，即1935年英国上议院在审理"税务局长诉温斯特大公"一案时，议员汤姆利（Tomly）爵士提出了纳税筹划的观点，他指出："任何一个人都有权安排自己的事业，依据法律这样做可以少缴税。为了保证从这些安排中得到利益……不能强迫他多缴税。"

一般认为税收筹划和对税收筹划的研究是从20世纪50年代末才真正开始的，即成立于1959年的欧洲税务联合会，明确提出税务专家是以税务咨询为中心开展税务服务，是一种独立于代理业务的新业务，这种业务的一个主要内容就是税收筹划。目前，在欧美等发达国家，税收筹划已经进入到一个较为成熟的阶段，而在我国，还处于初级阶段。

三、税收筹划的特点

税收筹划具备五大特点：① 合法性；② 预期性；③ 风险性；④ 目的性；⑤ 收益性。

四、税收筹划及相关概念

1. 税收筹划与偷税

偷税是指纳税人采取伪造、变造、隐匿、擅自销毁账簿、记账凭证，或者在账簿上多列支出或者不列、少列收入,或者经税务机关通知申报而拒不申报,或者进行虚假的纳税申报,不缴或者少缴税款的行为。

法律责任:① 偷税数额占应缴税额的 10% 以上不满 30%,且偷税数额在 1 万元以上 10 万元以下;或者偷税被税务机关给予两次行政处罚又偷税的,处 3 年以下有期徒刑或拘役,并处偷税数额 1 倍以上 5 倍以下罚金。② 偷税数额占应缴税额的 30% 以上且数额在 10 万元以上的,处 3 年以上 7 年以下有期徒刑,并处偷税数额 1 倍以上 5 倍以下罚金。

2. 税收筹划与欠税

欠税是指纳税人、扣缴义务人超过税务机关依法规定的纳税期限而未缴或少缴税款的行为。

应具备的条件:① 有欠税的事实存在;② 转移或隐匿财产;③ 致使税务机关无法追缴数额在 1 万元以上。

法律责任:① 数额在 1 万元以上 10 万元以下的,处 3 年以下有期徒刑或拘役,并处或单处欠缴税款 1 倍以上 5 倍以下罚金;② 数额在 10 万元以上的,处 3 年以上 7 年以下有期徒刑,并处欠缴税款 1 倍以上 5 倍以下罚金。

3. 税收筹划与避税

避税是指纳税人利用税法上的漏洞或税法允许的办法,作适当的财务安排或税收策划,在不违反税法规定的前提下,达到减轻或解除税负的目的。

在国际避税地建立公司,是避税的一种方法。在国际避税地建立公司,然后通过避税地的公司与其他地方的公司进行商业、财务运作,把利润转移到避税地,靠避税地的免税收或低税收减少税负。

国际避税地,也称为避税港或避税乐园,是指一国或地区政府为吸引外国资本流入,繁荣本国或本地区经济,在本国或本地区确定一定范围,允许外国人在此投资和从事各种经济贸易活动,取得收入或拥有财产而可以不必纳税或只需支付很少税款的地区。传统的避税天堂,多指瑞士、列支敦士登、卢森堡、西萨摩亚、百慕大群岛、巴哈马群岛以及英属维尔京群岛等 43 个国家或地区。这里存放和管理的金融资产总共约有 10 万亿美元,全球 50% 的资金经这些避税天堂中转。瑞士银行,三百年来执行特殊的存款制度,严守为客户保密的底线,瑞士也就一直被称为"避税者的天堂,逃税者的乐园"。世界各国的有钱人和贪官污吏也以在瑞士银行开设秘密户头作为最佳存钱方式,从菲律宾前总统马科斯、伊拉克前总统萨达姆,到我国台湾的陈水扁,都曾被指控在瑞士银行开有秘密账户。但由于瑞士银行一次又一次地拒绝公开客户的账户资料,所有这些怀疑和指控最终多以查无实据收场。

随着金融危机的蔓延和经济衰退的加剧,美、法、德等大国越来越重视因海外避税而流失的收入。特别是在 2009 年 4 月于伦敦举行的 20 国集团金融峰会上,各国领导人一致同意对"避税天堂"采取行动,并准备实施制裁。经合组织还将瑞士、卢森堡、列支敦士登等国都列入了"避税天堂"灰名单。

税收筹划与避税、偷税的区别

偷　税	非　法	与相关法律格格不入。
避　税	合　法	有悖于道德上的要求,比如利用税法漏洞,钻税法空子。
税收筹划	合　法	是税收政策予以引导和鼓励的。

【案例】

国家对生产某种严重污染环境的产品征收环保税,一个生产污染产品的企业应该如何进行决策才能不缴税?

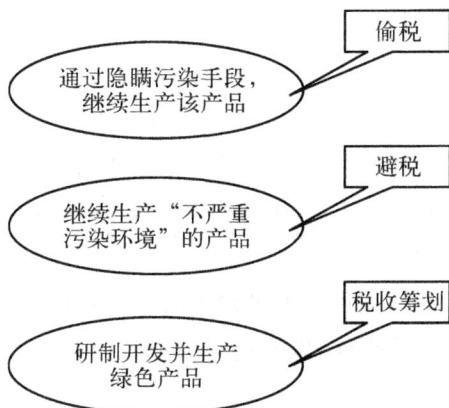

```
通过隐瞒污染手段,          ────→ 偷税
继续生产该产品

继续生产"不严重              ────→ 避税
污染环境"的产品

研制开发并生产              ────→ 税收筹划
绿色产品
```

4. 税收筹划与抗税

抗税是指以暴力、威胁等手段拒不缴纳税款的行为。

法律责任:① 处 3 年以下有期徒刑或者拘役,并处拒缴税款 1 倍以上 5 倍以下罚金;② 情节严重的,处 3 年以上 7 年以下有期徒刑,并处拒缴税款 1 倍以上 5 倍以下罚金。

5. 税收筹划与骗税

骗税是指采取弄虚作假和欺骗手段,骗取出口退(免)税或减免税款的行为。

法律责任:① 数额较大的,处 5 年以下有期徒刑或者拘役,并处骗取税款 1 倍以上 5 倍以下罚金。② 数额巨大或者有其他严重情节的,处 5 年以上 10 年以下有期徒刑,并处骗取税款 1 倍以上 5 倍以下罚金。③ 数额特别巨大或者有其他特别严重情节的,处 10 年以上有期徒刑或者无期徒刑,并处骗取税款 1 倍以上 5 倍以下罚金或者没收财产。

第2节　税收筹划的分类和目标

一、税收筹划的分类

按税收筹划的服务对象分为：法人、非法人；

按税收筹划的区域分为：国内、国外；

按税收筹划的对象分为：一般税收筹划、特别税收筹划；

按税收筹划的人员分为：内部、外部；

按税收筹划采用的方法分为：技术派、实用派；

按税收筹划实施的手段分为：政策派、漏洞派；

按企业决策项目分为：投资、经营、成本核算、成本分配。

二、税收筹划的目标

减轻纳税主体的税收负担，实现经济学上的帕累托效益更优。（帕累托最优（Pareto Efficiency），是以意大利经济学家帕累托（Vil-fredoPareto）命名的，是指在不减少一方福利的情况下，就不可能增加另外一方的福利，即有得必有失。）

争取延期纳税，占有资金的时间价值。

争取涉税过程中的零风险，实现涉税过程中的外部经济。（零风险是指纳税人在缴纳税款的过程中，正确地进行税收操作，以避免税务行政的各种处罚。）

三、纳税筹划的效益

纳税筹划的效益是指降低税收筹划成本，提高纳税主体的经济效益。应从两个方面进行比较：一是用纳税筹划后减少的税款与付出的筹划成本进行比较；二是用纳税筹划的净效益（减少的税款与筹划成本的差）与筹划成本进行比较。

第3节　税收筹划的原则

一、合法性原则

是指纳税主体在其进行的纳税筹划活动中必须以税收法律为准绳。

二、效益性原则

直接效益：是指通过纳税筹划，直接减轻了纳税人的税收负担。

间接效益：是指纳税人通过税收筹划，使其获得直接效益之外的额外效益。

三、公开性原则

是指纳税筹划的过程应该透明度高。

第 4 节　税收筹划的实施流程

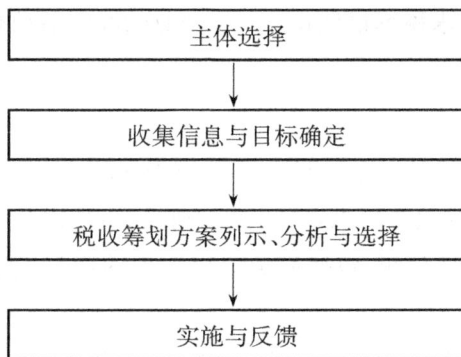

```
┌─────────────────────────────┐
│         主体选择              │
└─────────────────────────────┘
              ↓
┌─────────────────────────────┐
│      收集信息与目标确定        │
└─────────────────────────────┘
              ↓
┌─────────────────────────────┐
│   税收筹划方案列示、分析与选择   │
└─────────────────────────────┘
              ↓
┌─────────────────────────────┐
│         实施与反馈            │
└─────────────────────────────┘
```

第 5 节　税收筹划的基本技术

一、减免税技术

减免税技术是指国家为了照顾国民经济中某些特殊情况，运用税收调节职能，对某些纳税人或征税对象给予的减轻或免除税收负担的一种鼓励或照顾措施。主要分为政策性减免税、照顾困难减免税两种。

技术要点：① 尽量争取更多的减免税待遇；② 尽量使减免税期最长化；③ 减免税必须有法律、法规的明确规定；④ 政策交叉时，选择使用最优惠的。

二、分割技术

分割技术是指把一个纳税人的应税所得分成多个纳税人的应税所得，或者把一个纳税人的应税所得分割成适用不同税种、不同税率和减免税政策的多个部分的应税所得。

技术要点：① 分割合理化；② 分割不违法；③ 收益最大。

三、扣除技术

扣除技术是指在合理并且不违法的情况下，使扣除额增加而直接节减税额，或调整扣除额在各个应税期的分布而相对节减税额的税务筹划技术。（企业的应纳税所得额为纳税人每一纳税年度的收入总额减去准予扣除项目金额后的余额。）

技术要点：① 扣除项目最多化；② 扣除金额最大化；③ 扣除最早化。

四、税率差异技术

税率差异技术是指在合理并且不违法的情况下，利用税率的差异而直接节减税款的税务筹划技术。（税率越低，节减的税额越多。）

技术要点：① 尽量寻求税率最低化；② 与企业的经营活动有机地结合起来。

五、抵免技术

抵免技术是指在合理并且不违法的情况下，使税收抵免额增加的税务筹划技术。（税收抵免额越大，冲抵应纳税额就越大，应纳税额则越少，从而节税额就越大。税收抵免是指从应纳税额中扣除税收抵免额，包括避免双重征税的税收抵免和作为税收优惠或奖励的税收抵免。）

技术要点：① 抵免项目最多化；② 抵免金额最大化；③ 抵免时间尽早。

六、退税技术

退税技术，是指在合理并且不违法的情况下，使税务机关退还纳税人已纳税款的税务筹划技术。（退税是税务机关按规定对纳税人已纳税款的退还。）

技术要点：① 尽量争取退税项目最多化；② 尽量使退税额最大化。

七、延期纳税技术

延期纳税技术是指在合理并且不违法的情况下，使纳税人延期缴纳税收而取得相对收益的税务筹划技术。（延期纳税是指纳税人按照国家有关延期纳税规定，延缓一定时期后再缴纳税收。）

技术要点：① 延期纳税项目最多化；② 延长期最长化。

八、会计政策选择技术

会计政策选择技术，是指在合理并且不违法的情况下，采用适当的会计政策以减轻税负或延缓纳税的税务筹划技术。（会计政策是指企业在会计核算时所遵循的具体原则以及企业所采纳的具体会计处理方法。如：存货计价、折旧计提、费用列支、营业收入的确认。）

技术要点：① 注意会计利润和应税利润的差异；② 注意税法规定对会计政策选择的限制。

【拓展资源】

一个企业正常经营，要涉及哪些税？

一个公司要正常经营下去，就不可避免地要交税，涉及不外乎以下几种：营业税、增值税、城建税、教育费附加、车船使用税、土地使用税、房产税、印花税、企业所得税、个人所得税(单位代扣代交)、消费税。基于税收具有强制性、无偿性与固定性的特点，下面就涉及的基本税种作一简单介绍。

1. 营业税

营业税是指向在我国境内提供应税劳务、转让无形资产或销售不动产的单位和个人，就其所取得的营业额征收的一种税。营业税属于流转税制中的一个主要税种。

计税依据：为各种应税劳务收入的营业额、转让无形资产的转让额、销售不动产的销售额(三者统称为营业额)；

税率：3%、5%和5%—20%。

营业税税目	税率	营业税税目	税率
交通运输业	3%	娱乐业	5%—20%
建筑业	3%	服务业	5%
金融保险业	5%	转让无形资产	5%
邮电通信业	3%	销售不动产	5%
文化体育业	3%		

2. 增值税

增值税是指对商品生产、流通、劳务服务中多个环节的新增价值或商品的附加值征收的一种流转税。

在中华人民共和国境内销售货物或者提供加工、修理修配劳务以及进口货物的单位和个人，为增值税的纳税义务人。

增值税按销售收入的17%、13%、6%、3%缴纳(分别适用增值税一般纳税人、小规模生产加工纳税人、小规模工业企业和商业企业纳税人)。

三种情况	增值税税目	税率
一般纳税人	销售货物或提供加工、修理修配劳务以及进口货物	17%
	粮食、食用植物油	13%
	自来水、暖气、石油液化气、天然气等	13%
	图书、报纸、杂志	13%

三种情况	增　值　税　税　目	税　　率
一般纳税人	饲料、化肥、农药、农机、农膜	13%
	销售自来水、文物商店和拍卖行的货物、建筑用和生产建筑材料所用的砂、土、石料	6%
	运输发票上的运费金额	7%抵扣
	工厂回收的废旧物资	10%抵扣
小规模纳税人	工业企业和商业企业	3%

3．城市维护建设税

城市维护建设税，简称城建税，是我国为了加强城市的维护建设，扩大和稳定城市维护建设资金的来源开征的一个税种。

以纳税人实际缴纳的消费税、增值税、营业税三种税的税额为计税依据，按缴纳的营业税与增值税、消费税额的7%（市区）、5%（县城、镇）缴纳。

4．教育费附加

教育费附加是指对缴纳增值税、消费税、营业税的单位和个人征收的一种附加费。

教育费附加按缴纳的营业税与增值税、消费税的3%缴纳。

5．印花税

印花税是指以经济活动中签订的各种合同、产权转移书据、营业账簿、权利许可证照等应税凭证文件为对象所征的税。

印花税因采用在应税凭证上粘贴印花税票作为完税的标志而得名。印花税的纳税人包括在中国境内书立、领受规定经济凭证的企业、行政单位、事业单位、军事单位、社会团体、其他单位、个体工商户和其他个人。一份凭证应纳税额超过500元的，应向当地税务机关申请填写缴款书或者完税证，将其中一联粘贴在凭证上或者由税务机关在凭证上加注完税标记代替贴花。购销合同按购销金额的0.03%贴花；租赁合同按租赁金额0.1%贴花，税额不足1元，按1元贴花；贴花账本按5元/本缴纳（每年启用时）；年度按"实收资本"与"资本公积"之和0.05%缴纳（第一年按全额缴纳，以后按年度增加部分缴纳）。

6．城镇土地使用税

城镇土地使用税是指以国有土地为征税对象，以实际占用的土地单位面积为计税标准，按规定税额对拥有土地使用权的单位和个人征收的一种税。

城镇土地使用税的纳税人就是在城市、县城、建制镇、工矿区范围内使用国有土地的单位和个人，但外国企业和外商投资企业暂不缴纳城镇土地使用税。城镇土地使用税按实际占用的土地面积等级划分不同缴纳(各地规定不一,XX元/平方米)。

7. 房产税

房产税是指以房屋为征税对象,按房屋的计税余值或租金收入为计税依据,向产权所有人征收的一种财产税。

凡在我国境内拥有房屋产权的单位和个人都是房产税的纳税义务人。

房产税按自有房产原值的70%×1.2%缴纳。

8. 车船税

车船税是指对在我国境内依法应当到公安、交通、农业、渔业、军事等管理部门办理登记的车辆、船舶,根据其种类,按照规定的计税单位和年税额标准计算征收的一种财产税。

车船税的纳税人为在我国境内拥有并使用车船的企业、单位、个体经营者和其他个人(不包括外商投资企业、外国企业和外国人),车船税按车辆缴纳(各地规定不一,不同车型税额不同,XX元/辆)。

9. 企业所得税

企业所得税是指对中华人民共和国境内的一切企业(不包括外商投资企业和外国企业),就其来源于中国境内外的生产经营所得和其他所得而征收的一种税。

企业所得税的纳税人包括中国境内的国有企业、集体企业、私营企业、联营企业、股份制企业和其他组织。

企业所得税按应纳税所得额(调整以后的利润)计算缴纳:

适 用 企 业	税 率
一般情况,在中国境内设立机构场所的企业	25%
1. 符合条件的小型微利企业 2. 在中国境内未设立机构、场所的,或者虽设立机构、场所但取得的所得与其所设机构、场所没有实际联系的非居民企业	20%
国家需要重点扶持的高新技术企业	15%

10. 个人所得税

个人所得税是指在中国境内有住所的个人,或者无住所而在中国境内居住满1年的个人,应当就其从中国境内、境外取得的全部所得纳税。

在中国境内无住所又不居住,或者无住所而在中国境内居住不满1年的个人,应当就其从中国境内取得的所得纳税。

发放工资,代扣代缴个人所得税。工资薪金所得,适用个人所得税七级超额累进税率表,税率3%—45%。

工资薪金个人所得税新税率表

（2011 年 9 月 1 日执行）

级 数	全月应纳税所得额	税 率	扣除数
1	不超过 1 500 元的	3％	0
2	超过 1 500 元至 4 500 元的部分	10％	105
3	超过 4 500 元至 9 000 元的部分	20％	555
4	超过 9 000 元至 35 000 元的部分	25％	1 005
5	超过 35 000 元至 55 000 元的部分	30％	2 755
6	超过 55 000 元至 8 000 元的部分	35％	5 505
7	超过 80 000 元的部分	45％	13 505

11. 消费税

消费税是政府向消费品征收的税项，可从批发商或零售商征收，是典型的间接税。

现行消费税的征收范围主要包括：烟、酒及酒精、鞭炮、焰火、化妆品、成品油、贵重首饰及珠宝玉石、高尔夫球及球具、高档手表、游艇、木制一次性筷子、实木地板、汽车轮胎、摩托车、小汽车等税目，有的税目还可进一步划分若干子税目。

消费税实行价内税，只在应税消费品的生产、委托加工和进口环节缴纳，在以后的批发、零售等环节，因为价款中已包含消费税，因此不用再缴纳消费税，税款最终由消费者承担。

最新消费税税目税率表

税　　目	税　　率
一、烟 1. 卷烟 （1）甲类卷烟 （2）乙类卷烟 （3）批发环节 2. 雪茄烟 3. 烟丝	 56％加 0.003 元/支（生产环节） 36％加 0.003 元/支（生产环节） 5％ 36％ 30％
二、酒及酒精 1. 白酒 2. 黄酒 3. 啤酒 （1）甲类啤酒 （2）乙类啤酒 4. 其他酒 5. 酒精	 20％加 0.5 元/500 克（或者 500 毫升） 240 元/吨 250 元/吨 220 元/吨 10％ 5％

税　　目	税　　率
三、化妆品	30%
四、贵重首饰及珠宝玉石 1. 金银首饰、铂金首饰和钻石及钻石饰品 2. 其他贵重首饰和珠宝玉石	5% 10%
五、鞭炮、焰火	15%
六、成品油 1. 汽油 (1) 含铅汽油 (2) 无铅汽油 2. 柴油 3. 航空煤油 4. 石脑油 5. 溶剂油 6. 润滑油 7. 燃料油	 1.40 元/升 1.00 元/升 0.80 元/升 0.80 元/升 1.00 元/升 1.00 元/升 1.00 元/升 0.80 元/升
七、汽车轮胎	3%
八、摩托车 1. 气缸容量(排气量,下同)在 250 毫升(含 250 毫升)以下的 2. 气缸容量在 250 毫升以上的	 3% 10%
九、小汽车 1. 乘用车 (1) 气缸容量(排气量,下同)在 1.0 升(含 1.0 升)以下的 (2) 气缸容量在 1.0 升以上至 1.5 升(含 1.5 升)的 (3) 气缸容量在 1.5 升以上至 2.0 升(含 2.0 升)的 (4) 气缸容量在 2.0 升以上至 2.5 升(含 2.5 升)的 (5) 气缸容量在 2.5 升以上至 3.0 升(含 3.0 升)的 (6) 气缸容量在 3.0 升以上至 4.0 升(含 4.0 升)的 (7) 气缸容量在 4.0 升以上的 2. 中轻型商用客车	 1% 3% 5% 9% 12% 25% 40% 5%
十、高尔夫球及球具	10%
十一、高档手表	20%
十二、游艇	10%
十三、木制一次性筷子	5%
十四、实木地板	5%

一般情况下,企业增值税、营业税及附加税、所得税只要有发生就需要缴纳,而其他税种一年只需一次,相对缴纳的数额不多,缴税具体时间由税务局通知。如果本单位没有自己的所有权房产,则不用缴纳房产税。

第 2 章　增值税的税收筹划

第 1 节　增值税税收筹划的基本思路

一、增值税税收筹划的范畴

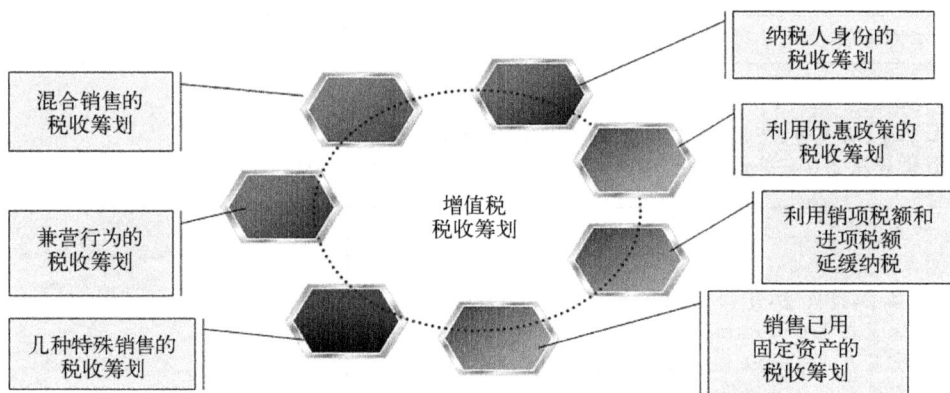

二、增值税筹划的政策要点

（1）一般纳税人和小规模纳税人的征税规定；

（2）混合销售行为的征税规定；

（3）兼营行为的征税规定；

（4）几种特殊销售方式的征税规定；

（5）纳税人销售已使用过的固定资产的征税规定；

（6）有关销项税额确定和进项税额抵扣的税收规定；

（7）有关增值税优惠政策的税收规定。

三、一般纳税人合理避税的筹划思路

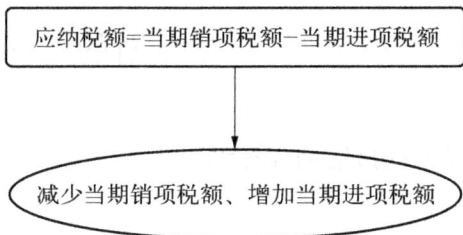

```
┌─────────────────────────────────┐
│  应纳税额＝当期销项税额－当期进项税额  │
└─────────────────────────────────┘
                 │
                 ▼
   ╭─────────────────────────────────╮
   │  减少当期销项税额、增加当期进项税额  │
   ╰─────────────────────────────────╯
```

1. 减少当期销项税额的基本思路

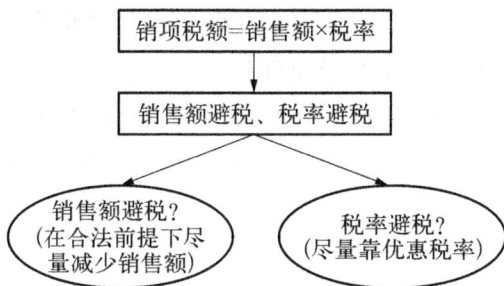

```
      ┌─────────────────────┐
      │   销项税额＝销售额×税率   │
      └─────────────────────┘
                 │
      ┌─────────────────────┐
      │   销售额避税、税率避税     │
      └─────────────────────┘
           │             │
           ▼             ▼
   ╭──────────────╮  ╭──────────────╮
   │  销售额避税？    │  │  税率避税？      │
   │（在合法前提下尽   │  │（尽量靠优惠税率） │
   │ 量减少销售额）    │  │                │
   ╰──────────────╯  ╰──────────────╯
```

其中,销售额合理避税的筹划策略:

(1) 实现销售收入时,采用特殊的结算方式,拖延入账时间,延续税款缴纳;

(2) 随同货物销售的包装物,单独处理,不要计入销售收入;

(3) 销售货物后加价收入或价外补贴收入,采取措施,不要计入销售收入;

(4) 设法将销售过程中的回扣冲减销售收入;

(5) 商品性货物用于本企业专项工程或福利设施,本应视同对外销售,但采取低估价、次品折扣方式降低销售额;

(6) 为公关将合格品降低为残次品,降价销售给对方或送给对方。

2. 增加当期进项税额的基本思路

(1) 价格同等的情况下,购买具有增值税发票的货物;

(2) 纳税人购买货物或应税劳务,不仅向对方索要专用的增值税发票,而且向销方取得增值税款专用发票上说明的增值税额;

(3) 纳税人委托加工货物时,不仅向委托方收取增值税专用发票,而且要努力争取使发票上注明的增值税额尽可能地大;

(4) 纳税人进口货物时,向海关收取增值税完税凭证,并注明增值税额;

(5) 购进免税农业产品的价格中所含增值税额,按购货发票或经税务机关认可的收购凭据上注明的价格,依照 13% 的扣除税率获得抵扣;

(6) 将非应税和免税项目购进的货物和劳务与应税项目购进的货物与劳务混同购

进,并获得增值税发票;

(7) 采用兼营手段,缩小不得抵扣部分的比例。

第2节 增值税税收筹划的基本方法

一、对增值税纳税人身份认定的筹划

1. 政策依据与筹划思路

我国将增值税纳税人划分为一般纳税人和小规模纳税人。小规模纳税人销售货物不得使用增值税专用发票,统一适用 3% 的征收率,没有税款抵扣权;而一般纳税人按规定税率 17% 或 13% 计算税额,并享有税款抵扣权。

通过对企业增值率的分析,确定最适合的纳税人身份,以达到最低的税收负担。如何选择纳税人身份对企业有利,主要判别方法:无差别平衡点增值率判别法。

无差别平衡点增值率判别法及其运用:

1) 不含税销售额无差别平衡点增值率的确定

假定纳税人不含税销售额增值率为 D,不含税销售额为 S,不含税购进额为 P,一般纳税人适用的税率为 17%,小规模纳税人的征收率为 3%,则:

● 一般纳税人的不含税销售额增值率 $D=(S-P)/S \times 100\%$

$$应纳的增值税为 S \times 17\% \times D$$

● 小规模纳税人应纳的增值税为 $S \times 3\%$

$$要使两类纳税人税负相等,则要满足:S \times 17\% \times D = S \times 3\%,$$

$$解得,一般纳税人无差别平衡点增值率 E = D = 17.65\%$$

2) 含税销售额无差别平衡点增值率的确定

假定纳税人含税销售额增值率为 Dt,含税销售额为 St,含税购进额为 Pt,一般纳税人适用的税率为 17%,小规模纳税人的征收率为 3%,则:

● 一般纳税人的含税销售额增值率 $Dt=(St-Pt)/St \times 100\%$

$$应纳的增值税 = St/(1+17\%) \times 17\% - Pt/(1+17\%) \times 17\%$$
$$= St/(1+17\%) \times 17\% \times Dt$$

● 小规模纳税人应纳的增值税为 $St/(1+3\%) \times 3\%$

要使两类纳税人税负相等,则要满足:

$$St/(1+17\%) \times 17\% \times Dt = St/(1+3\%) \times 3\%$$

解得，一般纳税人无差别平衡点增值率 Et＝Dt＝20.05％

含税销售额无差别平衡点增值率的确定

一般纳税人税率	小规模纳税人征收率	无差别平衡点增值率
17％	3％	20.05％
13％	3％	25.32％

3) 无差别平衡点增值率判别法的运用

如果仅从增值税角度考虑，则：

● 当企业的增值率小于节税点时，应选择作为一般纳税人；

● 当企业的增值率大于节税点时，应选择作为小规模纳税人。

2. 筹划实务

案例分析题 1

某锅炉生产企业，年含税销售额在 100 万元左右，每年购进含增值税价款的材料 90 万元左右，该企业会计核算制度健全，在向主管税务机关申请纳税人资格时，既可以申请成为一般纳税人，也可以申请为小规模纳税人，请问企业应申请哪种纳税人身份对自己更有利？如果企业每年购进含税材料 50 万元左右，其他条件相同，又应该作何选择？

【解析】

第一种情况

(1) 该企业含税销售额增值率 ＝（100－90)/100×100％＝10％

由于 10％＜20.05％（一般纳税人平衡点)，所以该企业申请成为一般纳税人有利节税。

(2) 企业作为一般纳税人应纳增值税额＝（100－90)/(1＋17％)×17％

$$＝1.453（万元)$$

(3) 企业作为小规模纳税人应纳增值税额＝100/(1＋3％)×3％＝2.913（万元)

■ 所以企业申请成为一般纳税人可以节税 2.913－1.453＝1.46（万元)

第二种情况

(1) 该企业含税销售额增值率 ＝（100－50)/100×100％＝50％

由于 50％＞20.05％，所以该企业维持小规模纳税人身份有利节税。

(2) 企业作为一般纳税人应纳增值税额＝（100－50)/(1＋17％)×17％

$$＝7.265（万元)$$

（3）企业作为小规模纳税人应纳增值税额＝100/（1＋3％）×3％＝2.913（万元）

■ 所以企业保持小规模纳税人身份可以节税 7.265－2.913＝4.352（万元）

案例分析题 2

某物资批发有限公司系一般纳税人，计划于 2009 年下设两个批发企业，预计 2009 年全年应税销售额分别为 50 万元和 40 万元（均为不含税销售额），并且不含税购进额占不含税销售额的 40％左右。请问，从维护企业自身利益出发，选择哪种纳税人资格对企业有利？

【筹划思路】

由于该物资批发有限公司是一般纳税人，因此，其下设的这两个批发企业既可以纳入该物资批发有限公司统一核算，成为一般纳税人，也可以各自作为独立的核算单位，成为小规模纳税人，适用 3％的征收率。由于这两个批发企业预计不含税购进额占不含税销售额的 40％左右，即不含税增值率为 60％，高于 17.65％，企业作为小规模纳税人税负较轻。

【解析】

将这两个批发企业各自作为独立的核算单位，由于两个企业的全年应税销售额分别为 50 万元和 40 万元，符合小规模纳税人的条件。

（1）作为小规模纳税人，全年应缴纳的增值税 ＝ 50×3％＋40×3％ ＝ 2.7（万元）

（2）作为一般纳税人，需缴纳的增值税 ＝（50＋40）×（1－40％）×17％ ＝ 9.18（万元）

■ 显然，选择成为小规模纳税人，企业可以获得节税利益。

【案例启示】

在纳税人身份筹划过程中，所需注意的问题是：

（1）企业如果申请成为一般纳税人可以节税，企业可以通过增加销售额、完善会计核算或企业合并等方式使其符合一般纳税人的标准，但应考虑到申请成为一般纳税人时所要花费的成本，防止因成本的增加抵消了节税的好处。

（2）企业如果要通过成为小规模纳税人来进行节税，那么就要维持较低的销售额或通过分设的方式，使分设企业的销售额低于一般纳税人的标准。

（3）企业如果筹划要成为小规模纳税人，必须从实质上符合税法的要求，不能仅从手续上处理。

（4）纳税人一经认定为增值税一般纳税人，不得再转为小规模纳税人；而小规模纳税人只要符合税法规定的一般纳税人条件,就可以申请认定成为一般纳税人。

二、混合销售的税收筹划

混合销售行为

● 含义:一项销售行为,既涉及货物销售,又涉及提供非增值税应税劳务。

● 特点:① 销售货物与提供非应税劳务具有紧密相连的从属关系;② 两者由同一纳税人实现;③ 价款同时从一个购买方取得。

● 举例说明:

某彩电企业向苏宁电器批发液晶彩电 1 000 台,同时提供运输劳务。收取的货款既包括彩电价款,也包括运输费用。

税务处理:按 17% 的适用税率征收增值税。

1. 政策依据与筹划思路

从事货物生产、批发或零售的企业、企业性单位和个体经营者及以货物生产、批发或零售为主并兼营非应税劳务的企业、企业性单位和个体经营者的混合销售行为,视为销售货物,应当征收增值税。其他单位和个人的混合销售行为,视为提供非应税劳务,征收营业税,不征收增值税。

无差别平衡点增值率法:假定纳税人适用的增值税税率为 17%,营业税税率为 3%,混合销售中,含税销售额为 St,含税购进额为 Pt,含税销售额增值率为 Dt,则有: $Dt = (St - Pt)/St \times 100\%$

● 如果企业缴纳增值税,应纳的增值税税额为:$(St \times Dt \times 17\%)/(1 + 17\%)$

● 如果企业缴纳营业税,应纳的营业税税额为:$St \times 3\%$

● 当两种税负相等时,则必须满足:$(St \times Dt \times 17\%)/(1 + 17\%) = St \times 3\%$

$$Et = Dt = 3\% \div [17\% \div (1 + 17\%)] = 20.65\%$$

(1) 当混合销售的含税销售额增值率小于 20.65% 时,缴纳增值税可以节税;

(2) 当含税销售额增值率大于 20.65% 时,缴纳营业税能节税;

(3) 当二者相等时,两种税负相等。

无差别平衡点增值率

增值税纳税人税率	营业税纳税人税率	无差别平衡点增值率
17%	5%	34.41%
17%	3%	20.65%
13%	5%	43.46%
13%	3%	26.08%

2. 筹划实务

案例分析题

某建材公司主营建筑材料批发零售,并兼营对外安装、装饰工程,2008 年 1 月该公司以 200 万元的价格销售一批建材并代客户安装,该批建材的购入价格为 170 万元。

(1) 请问该笔业务应如何进行税收筹划?

(2) 若销售价格为 220 万元,又该如何筹划?

(以上价格均为含税价,增值税税率为 17%,营业税税率为 3%)

【解析】

(1) 当销售价格为 200 万元时

$$Dt = (St - Pt)/St \times 100\% = (200 - 170)/200 \times 100\% = 15\% < 20.65\%,$$

所以,该混合销售缴纳增值税可以节税。

其应缴纳的增值税为:$(200 - 170)/(1 + 17\%) \times 17\% = 4.36$(万元)

该混合销售如果缴纳营业税,则应缴纳的营业税为:$200 \times 3\% = 6$(万元)

所以,选择缴纳增值税可以节税 $6 - 4.36 = 1.64$(万元)

(2) 当销售价格为 220 万元时

$$Dt = (St - Pt)/St \times 100\% = (220 - 170)/220 \times 100\% = 22.73\% > 20.65\%,$$

所以,该混合销售缴纳营业税可以节税。

其应缴纳的营业税为:$220 \times 3\% = 6.6$(万元)

该混合销售如果缴纳增值税,则应缴纳的增值税为:

$$(220 - 170)/(1 + 17\%) \times 17\% = 7.27(万元)$$

所以,选择缴纳营业税可以节税 $7.27 - 6.6 = 0.67$(万元)

【案例启示】

在混合销售筹划过程中,所需注意的问题是:

(1) 企业的货物销售额和非应税劳务收入额基本是由市场价格决定的,只有当调整货物销售额和非应税劳务收入额比例所发生的筹划成本不大时,混合销售才有筹划空间。

(2) 一项销售行为是否属于混合销售,应该缴纳哪一种税,必须要得到税务机关的认可。

三、兼营行为的税收筹划

兼营行为

● 含义：纳税人的经营范围兼有销售货物或应税劳务和提供非增值税应税项目两类经营项目，并且这种经营业务并不发生在同一销售行为中。

● 两种情形：① 兼营不同税率的货物或应税劳务，例如，某供销社销售税率为 17% 的家电和 13% 的农药；② 兼营非增值税劳务行为，例如，某建材店在批发零售建材的同时，提供餐饮服务。

1. 政策依据与筹划思路

兼营不同税率的应税货物或应税劳务，应分别核算；未分别核算销售额的，从高适用税率。兼营增值税应税货物或劳务及非增值税应税劳务，应分别核算；未分别核算的，其非应税劳务应与货物或应税劳务一并征收增值税。

对适用不同税率的货物或劳务，分别核算。对于小规模纳税人，一般要比较增值税含税征收率和适用的营业税税率的大小。如果非应税劳务缴纳增值税税额大于营业税税额，分开核算是有利的；反之，不分开核算是有利的。

对于一般纳税人，由于增值税的含税征收率一般都是大于营业税税率的，分开核算有利。

2. 筹划实务

案例分析题 1

厦门某文化传播有限公司属于增值税一般纳税人，2008 年 7 月份销售各类新书取得含税收入 150 万元，销售各类图书、杂志取得含税收入 3.51 万元（图书、杂志适用的增值税税率为 13%），同时又给读者提供咖啡，取得经营收入 10 万元，该公司应如何进行纳税筹划？（暂不考虑可抵扣的进项税额）

【解析】

（1）企业如果对上述三项收入未分开核算，所有收入应统一从高适用税率缴纳增值税。应纳增值税为：$(150 + 10 + 3.51) \div (1 + 17\%) \times 17\% = 23.76$（万元）

（2）企业如果对上述三项收入分开核算，应分别计算缴纳增值税和营业税。

● 销售新书应纳增值税为：$150 \div (1 + 17\%) \times 17\% = 21.8$（万元）

● 销售图书、杂志应纳增值税为：$3.51 \div (1 + 13\%) \times 13\% = 0.4$（万元）

● 咖啡收入应纳营业税为：$10 \times 5\% = 0.5$（万元）

● 共计应缴纳税款 22.7 万元

■ 结论：分开核算，可为公司节税 23.76 — 22.7 = 1.06(万元)。

案例分析题 2

某家具商店主要从事家具销售，另外又从事家具租赁业务，并被主管税务机关认定为增值税小规模纳税人。10 月份该商店取得家具销售收入 15 万元(含税)，取得家具租赁收入 5 万元，如果增值税征收率为 3%，营业税税率为 5%。请问纳税人应如何就其兼营行为进行筹划？

【解析】

(1) 未分开进行核算，家具销售收入和租赁收入统一缴纳增值税。

应纳增值税为：(150 000 + 50 000) ÷ (1 + 3%) × 3% = 5 825(元)

(2) 分开核算，家具销售收入和租赁收入分别计算缴纳增值税和营业税。

● 家具销售收入应纳增值税为：150 000 ÷ (1 + 3%) × 3% = 4 369(元)

● 租赁收入应纳营业税为：50 000 × 5% = 2 500(元)

● 合计应纳税额为：4 369 + 2 500 = 6 869(元)

■ 结论：不分开核算，可以节税 6 869 — 5 825 = 1 044(元)。

【案例启示】

在兼营行为的税收筹划过程中，所需注意的问题是：

(1) 对兼营行为筹划之前，要准确把握兼营行为，避免和混合销售行为相混淆。

(2) 由于非应税劳务与应税劳务或销售的货物一并征收增值税时，非应税劳务的销售额应视为含税销售额，所以在判断这部分收入的税负时，应使用增值税的含税征收率。

四、几种特殊销售的税收筹划

1. 政策依据与筹划思路

几种特殊销售方式的政策规定：

(1) 销售折扣：折扣额不得从销售额中扣减。

(2) 以旧换新：应按新货物的同期销售价格确定销售额，不得减除旧货物的作价金额(除金银首饰外)。

(3) 还本销售：不得从销售额中扣除还本支出。

(4) 以货易货：一律视同销售处理，按照同期同类商品的市场销售价格确定销售额。

(5) 折扣销售：如果销售额和折扣额在同一张发票上，可以以销售额扣除折扣额的余额为计税金额。

2. 筹划实务

案例分析题

某服饰有限公司(增值税一般纳税人)为了占领市场,以不含税单价每套1 000元出售自产高级西服,该公司本月共发生下列经济业务:

(1) 5日,向本市各商家销售西服6 000套,公司均给予了2%的折扣销售,但对于折扣额另开了红字发票入账,货款全部以银行存款收讫。

(2) 6日,向外地商家销售西服1 000套,为尽快收回货款,公司提供现金折扣条件为2/10,1/20,N/30,本月15日全部收回货款,厂家按规定给予优惠。

(3) 10日,采取还本销售方式销售给消费者200套西服,3年后厂家将全部货款退给消费者,共开出普通发票200张,合计金额234 000元。

(4) 20日,以30套西服向一家单位等价换取布料,不含税售价为1 000元/套,双方均按规定开具增值税发票。

请计算该公司本月的销项税额。

【解析】

(1) 折扣销售,将折扣额另开具发票的,折扣额不得从销售额中扣除。

$$销项税额为:6\,000 \times 1\,000 \times 17\% = 102(万元)$$

(2) 销售折扣不得从销售额中扣减

$$销项税额为:1\,000 \times 1\,000 \times 17\% = 17(万元)$$

(3) 还本销售,不得扣除还本支出:

$$销项税额为:234\,000 \div (1 + 17\%) \times 17\% = 3.4(万元)$$

(4) 以货易货,按换出商品的同期销售价计算销售额

$$销项税额为:30 \times 1\,000 \times 17\% = 0.51(万元)$$

■ 以上四种情况,分析结论:

$$合计销项税额 = 102 + 17 + 3.4 + 0.51 = 122.91(万元)$$

五、销售已用固定资产的税收筹划

1. 政策依据与筹划思路

纳税人销售自己使用过的属于应征消费税的机动车、摩托车、游艇:① 售价超过原值

的,按照 4% 的征收率减半征收增值税;② 售价未超过原值的,免征增值税。

纳税人销售自己使用过的属于货物的固定资产(除摩托车、游艇和应征消费税的汽车外),同时具备以下几个条件的,暂免征收增值税:① 属于企业固定资产目录所列货物。② 企业按固定资产管理并确已使用过的货物。③ 销售价格不超过其货物的原值。

2. 筹划实务

案例分析题

某工业企业准备销售一辆已使用过的应征消费税的小汽车,原值 100 万,已提折旧 10 万元,并发生小汽车的过户费等费用共 2 万元,假设企业可自行确定的价格有以下几个方案:

方案一:以低于原值的价格 99 万元作价出售。

方案二:按原值出售。

方案三:以 101 万元(含税)出售该项固定资产。

方案四:以 105 万元(含税)出售。

请据此选择有利于企业的方案。(城市维护建设税税率 7%,教育费附加征收率 3%)

【解析】

方案一:由于售价低于原值,按规定不需缴纳增值税。

$$净收益为:99 - 90 - 2 = 7(万元)$$

方案二:由于售价等于原值,按规定不需缴纳增值税。

$$净收益为:100 - 90 - 2 = 8(万元)$$

方案三:由于售价高于原值,按规定应缴纳增值税。

应缴增值税:$101 \div (1 + 4\%) \times 4\% \div 2 = 1.94(万元)$

应缴城建税和教育费附加:$1.94 \times (7\% + 3\%) = 0.194(万元)$

净收益:$101 - 1.94 - 90 - 2 - 0.194 = 6.866(万元)$

方案四:由于售价高于原值,按规定应缴纳增值税。

应缴增值税:$105 \div (1 + 4\%) \times 4\% \div 2 = 2.02(万元)$

应缴城建税和教育费附加:$2.02 \times (7\% + 3\%) = 0.202(万元)$

净收益:$105 - 2.02 - 90 - 2 - 0.202 = 10.778(万元)$

■ 显然,如果企业确定的售价 105 万元,并能出售出去的话,相比其他方案净收益是最大的;否则可选择方案二,净收益次之。

【案例启示】

利用该种筹划方法,所需注意的问题是:

(1) 在确定销售旧固定资产的价格时,

● 如果以等于或低于原值价格出售,以等于原值的价格出售,净收益最大。

● 如果以高于原值的价格出售,价格必须大于账面原值的 2.16%,净收益才会比以原值价格出售时大。

(2) 企业在实际经营过程中除应根据市场条件确定固定资产的价格外,还应考虑税收的调节作用,实现收入与收益的合理统一。

六、代销方式的税收筹划

1. 政策依据

委托代销

委托代销是指受托方按委托方的要求销售委托方的货物,并收取手续费方经营活动。仅就销售货物环节而言,要征收增值税;对于受托方提供代销货物的劳务所取得的手续费,要征收营业税。

(1) 视同买断方式

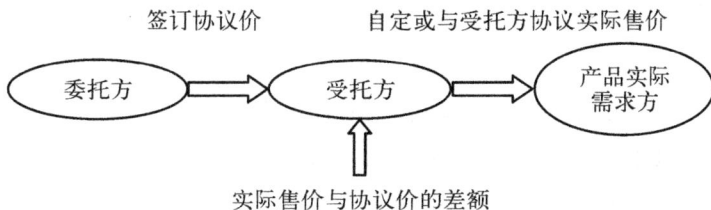

签订协议价　　　　自定或与受托方协议实际售价

委托方 ➡ 受托方 ➡ 产品实际需求方

实际售价与协议价的差额

(2) 收取手续费方式

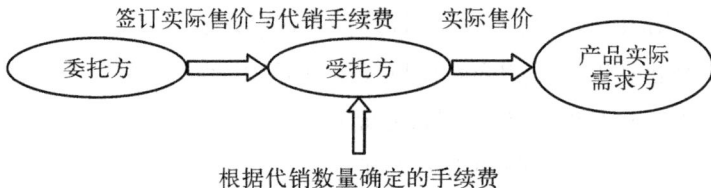

签订实际售价与代销手续费　　　实际售价

委托方 ➡ 受托方 ➡ 产品实际需求方

根据代销数量确定的手续费

2. 筹划实务

案例分析题

某家电生产企业和某商场签订了一项代销协议,由该商场代销家电公司的 A 产品。家电公司和商场都是增值税一般纳税人。为了维护家电公司的整体市场战略,A产品在市场上的售价为4 000元/件,假设2 007年全年共销售A产品2 500件。共有以下两种方案可供选择:

方案一:采取收取手续费的方式,商场与家电公司签订协议,由商场以4 000元/件的价格对外销售A产品,商场根据代销数量向家电公司收取20%的代销手续费。

方案二:采取视同买断的方式,家电公司与商场签订协议,该商场每售出一件A产品,家电公司按3 200元的协议价收取货款,商场在市场上以4 000元/件的价格销售A产品,实际售价与协议价之间的差额800元归商场所有。

【解析】

方案一:

收取手续费方式,双方的收入和应缴流转税情况如下:

家电公司:销售收入$4 000 \times 2 500 \times (1 - 20\%) = 800$(万元)

增值税销项税$4 000 \times 2 500 \times 17\% = 170$(万元)

商场:销售收入$4 000 \times 2 500 \times 20\% = 200$(万元)

增值税销项与进项税额相等,应缴增值税为0

应纳营业税$200 \times 5\% = 10$(万元)

城建税及教育费附加为$10 \times (7\% + 3\%) = 1$(万元)

■ 家电公司与商场合计:实现销售收入1 000万元,应缴税费181万元。

方案二:

视同买断方式,双方的收入和应缴税金情况如下:

家电公司:销售收入$3 200 \times 2 500 = 800$(万元)

增值税销项税$3 200 \times 2 500 \times 17\% = 136$(万元)

商场:销售收入$(4 000 - 3 200) \times 2 500 = 200$(万元)

增值税销项$4 000 \times 2 500 \times 17\% = 170$(万元)

增值税进项$3 200 \times 2 500 \times 17\% = 136$(万元)

应缴增值税$170 - 136 = 34$(万元)

城市维护建设税及教育费附加为3.4万元

家电公司与商场合计:实现销售收入1 000万元,应缴税费173.4万元

■ 结论:

方案一与方案二相比:

● 家电公司少缴税费$170 - 136 = 34$万元。

- 商场多缴税费 34＋3.4－10－1＝26.4 万元。
- 家电公司与商场合计少缴税费 34－26.4＝7.6 万元。

■ 故采取视同买断方式能使双方合计税负减少。

【案例启示】

(1) 采取视同买断方式的优越性只能在双方都是一般纳税人的前提下才能得到体现。若一方为小规模纳税人,则受托方的进项税额不能抵扣,不宜采取这种方式。

(2) 节约的税额在双方之间如何分配,会影响这种方式的选择。在本例中,应让利给商场一部分,才能调动商场的积极性。

七、利用销项税额和进项税额延缓纳税

1. 政策依据与筹划思路

就增值税一般纳税人取得防伪税控系统开具的增值税专用发票进项税额抵扣问题,规定如下:增值税一般纳税人申请抵扣的防伪税控系统开具的增值税专用发票,必须自该专用发票开具之日起 90 日内到税务机关认证,否则不予抵扣进项税额;增值税一般纳税人认证通过的防伪税控系统开具的增值税专用发票,应在认证通过的当月按照增值税有关规定核算当期进项税额并申报抵扣,否则不予抵扣进项税额。

推迟销项税额发生时间的方式:避免采用托收承付和委托收款等方式销售货物;以实际收到的支付额,开具增值税专用发票;若预期不能及时收到货款,合同应采取赊销和分期付款结算方式。

提前进项税额抵扣时间的方式:购买方应选择可以尽早取得发票的交易方式和结算方式,并按税法规定时间限制认证抵扣;对所有购进应税商品或劳务的进项税额先行认证抵扣,必要时再作进项税额转出;接受投资、捐赠或分配的货物,可以通过协商方式,提前拿到发票和证明材料。

2. 筹划实务

案例分析题

深圳市一家建材销售企业(增值税一般纳税人),2007 年 7 月份销售建材,合同上列明的含税销售收入为 1 170 万元,企业依合同开具了增值税专用发票。当月实际取得含税销售收入 585 万元,购买方承诺余额将在年底付讫;月初欲外购 A 货物 234 万元(含税)、B 货物 117 万元(含税),但因企业资金周转困难,本月只能支付 117 万元购进部分 A 货物,并取得相应的增值税发票;请计算该企业本月应缴的增值税。

【解析】

（1）本月应缴的增值税：

$$1\,170 \div (1+17\%) \times 17\% - 117 \div (1+17\%) \times 17\% = 153(万元)$$

（2）应缴纳城建税、教育费附加：15.3 万元

（3）如果该企业一方面在销售合同中指明"根据实际支付金额，由销售方开具发票"，并在结算时按实际收到金额开具增值税专用发票的同时，另一方面又在本月通过赊购方式购进企业货物，取得全部货物的增值税发票，则本月就可以少确认销项税额。

所以，应缴增值税为：

$$585 \div (1+17\%) \times 17\% - 234 \div (1+17\%) \times 17\% - 117 \div (1+17\%) \times 17\%$$
$$= 34(万元)$$

相应的城建税、教育费附加为 3.4 万元

■ 结论：本期可延缓缴纳税款：（153－34）＋（15.3－3.4）＝130.9 万元

附：增值税的主要知识点回顾

1. 一般纳税人和小规模纳税人的具体划分核定标准（年应税销售额）

一般纳税人与小规模纳税人的划分标准：

（1）会计核算是否健全：能正确核算增值税的销项税额和进项税额、应纳税额。

（2）企业规模大小：以年应税销售额为依据。

标准纳税人	生产货物或提供应税劳务的纳税人，或以其为主并兼营货物批发或零售的纳税人	批发或零售货物的纳税人
小规模纳税人	S＜50 万	S＜80 万
一般纳税人	（1）S≥50 万 （2）会计核算健全，30≤S＜50	S≥80 万

2. 增值税的税率

（1）一般纳税人基本税率：17％。

（2）一般纳税人低税率：13％。

（3）小规模纳税人的征收率：3％。

（4）零税率：适用于出口货物（这意味着不仅在货物报关出口时不该出口货物在报关出口前各经营环节所承担的增值税予以全部征税，而且还要将退还。）

复习题

一、判断题

1. 增值税纳税人划分一般纳税人和小规模纳税人两类。　　　　　　　　（　　）

2. 一般纳税人适用税率主要有两档,一档为 17%,一档为 10%。　　　（　　）

> 【正确答案】
>
> 　1. 对　2. 错(两档税率为 17% 和 13%)

二、单项选择题

1. 按规定可以免征增值税的是(　　　)。

A. 古旧图书　　　　B. 销售钢材　　　　C. 销售农产品　　　　D. 出口货物

> 【正确答案】
>
> 　A(解析:税法规定,增值税减免税金的货物范围:农业生产者销售自产农产品、古旧图书、避孕药品和工具等,题目中只有 A 古旧图书是正确的,其他选项不符合规定。)

2. 下列各项中不能被认定为一般纳税人的是(　　　)。

A. 年应税销售额 200 万元的个体工商户

B. 年应税销售额在 80 万元以上,会计核算健全的工业企业

C. 年应税销售额 1 000 万以上,全部经营出口货物的某外贸公司

D. 年应税销售额在 80 万元以下,会计核算健全的商业企业

> 【正确答案】
>
> 　D(解析:增值税纳税人的分类:参照国际惯例,我国税法将纳税人按其经营规模及会计核算健全与否,划分为一般纳税人和小规模纳税人。)
>
> 凭增值税专用发票抵扣,间接计税法。
>
> 一般纳税人
>
> 一般不使用专用发票,简易计税法。
>
> 小规模纳税人

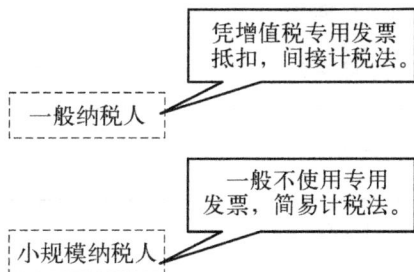

3. 增值税税法规定,下列货物不适用 13% 的税率的是( )。

A. 化肥 B. 矿山机械 C. 农机 D. 自来水

【正确答案】

B(解析:对一般纳税人实行两档税率:基本税率为 17%;低税率为 13%。低税率为 13% 的主要适用范围:

(1) 粮食、食用植物油;

(2) 自来水、热水、暖气、冷气、煤气、石油液化气、天然气、沼气、居民用煤炭制品;

(3) 图书、报纸、杂志;

(4) 饲料、化肥、农机、农药、农膜;

(5) 国务院规定的其他货物。如音像制品、食盐等。

选项中不符合的为矿山机械,所以 B 是答案。)

增值税知识点小结

增值税的征收范围:销售货物、提供加工修理、修配劳务和进口货物;

增值税的纳税人和税率:

● 一般纳税人:17%、13%。

● 小规模纳税人:3%。

增值税计算公式:应纳税额=当期销项税额-当期进项税额

凭票抵扣制度:凭专用发票、海关完税凭证、农副产品收购凭证、运输发票、税控设备购买发票等抵扣进项税额。

【拓展资源】

营改增的背景分析

一、我国流转税简介

1. 营改增前,我国流转税体系

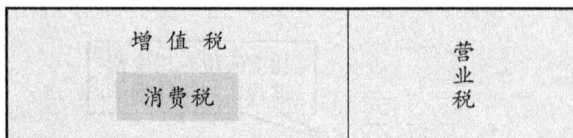

增 值 税 消费税	营 业 税

2. 营改增后,我国流转税体系

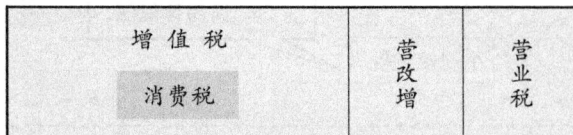

增 值 税 消费税	营 改 增	营 业 税

二、营改增的本质原因

【案例】

甲公司将一台设备租给乙公司收取租金 100 万元,乙再将此设备转租给丙公司收取租金 120 万元。根据现行税制案例中甲、乙公司要缴纳的营业税分别是多少?

【解析】

● 甲方应缴纳的营业税 $100 \times 5\% = 5$ 万元

● 乙方要缴纳的营业税 $120 \times 5\% = 6$ 万元

● 此项交易下甲乙双方共需缴纳营业税 11 万元

营改增后,甲、乙公司要缴纳的增值税各是多少?

● 甲方应缴纳的增值税(销项税) $100 / 1.17 \times 17\% = 14.53$ 万元

● 乙方应缴纳的增值税 $(120 - 100) / 1.17 \times 17\% = 2.9$ 万元

● 此项交易下甲乙双方共需缴纳增值税 17.44 万元。

■ 事实上,甲公司在购进设备时还可抵扣 17% 的进项税,营改增后甲乙都减轻了税负。

三、营改增的好处

1. 小规模纳税人的税负明显下降,特别是小微企业发展。

试点方案规定销售额 500 万作为分界点,销售额小于 500 万的企业可以选择做一般纳税人还是小规模纳税人,一旦划定为小规模纳税人,税率就从原来营业税的 5%,降为增值税简易征收的税率 3%。

2. 大部分一般纳税人的税负因进项税额抵扣范围增加而普遍下降。

以运输业为例,营改增后运输业实际税负由原先的 2% 左右提升到 4% 左右,税负增加明显。但是,运输业下游的制造业进项税抵扣却可以由 7% 提高至 11%,提高了 4%。而对于一般服务业,下游企业则可以直接多抵扣 6% 的进项增值税。因此,从全产业链角度看,营改增的减税效应是十分明显的,只是这种减税效应可能"改在服务业,获利的却是工商业"。上海、北京的减税测算数据比较大,而服务业的实际减税感受却不深,其实就是这个道理。

四、实施思路

1. 试点地区

从经济发达大城市试点,然后再辐射到全国。按照国家规划,我国"营改增"分为三步走:

第一步,在部分行业部分地区进行"营改增"试点。上海作为首个试点城市 2012 年 1 月 1 日已经正式启动"营改增"。

第二步,选择部分行业在全国范围内进行试点。8 个试点地区:北京市、天津市、江苏省、安徽省、浙江省(含宁波市)、福建省(含厦门市)、湖北省、广东省(含深圳市)。

第三步,在全国范围内实现"营改增",也即消灭营业税。

2. 试点行业

先在交通运输业、部分现代服务业等生产性服务业开展试点,逐步推广至其他行业。

选择交通运输业试点主要考虑:① 交通运输业与生产流通联系紧密,在生产性服务业中占有重要地位。② 运输费用属于现行增值税进项税额抵扣范围,运费发票已纳入增值税管理体系,改革的基础较好。

选择部分现代服务业试点主要考虑:① 现代服务业是衡量一个国家经济社会发达程度的重要标志,通过改革支持其发展有利于提升国家综合实力。② 选择与制造业关系密切的部分现代服务业进行试点,可以减少产业分工细化存在的重复征税因素,既有利于现代服务业的发展,也有利于制造业产业升级和技术进步。

目前,我国共对交通运输业、建筑业、金融保险业、邮电通信业、文化体育业、娱乐业、服务业、转让无形资产和销售不动产等9个行业征收营业税。按照改革部署,通过分行业逐步推进改革,最终9大行业将全部实行"营改增",到时营业税在我国将成历史。

第3章 企业所得税的税收筹划

第1节 企业所得税的特点

一、企业所得税的概念

企业所得税是指对我国境内的企业和其他取得收入的组织,就其来源于境内、境外的生产经营所得和其他所得征收的一种税。

二、企业所得税的特点

(1)纳税人采用独立核算制度。

(2)应纳税所得是扣除成本费用后的纯收益。

(3)税率复杂(25%、20%、15%)。

(4)非规范的企业所得税会计。我国财务会计和所得税会计不同而存在差异,需进行纳税调整,导致税收筹划空间的存在。

(5)大量的税收优惠,复杂的征收活动,差异的税收管辖权,造成企业所得税和其他税种相比,有较强的复杂性,存在非常大的空间。

三、企业所得税的纳税人——居民纳税人和非居民纳税人

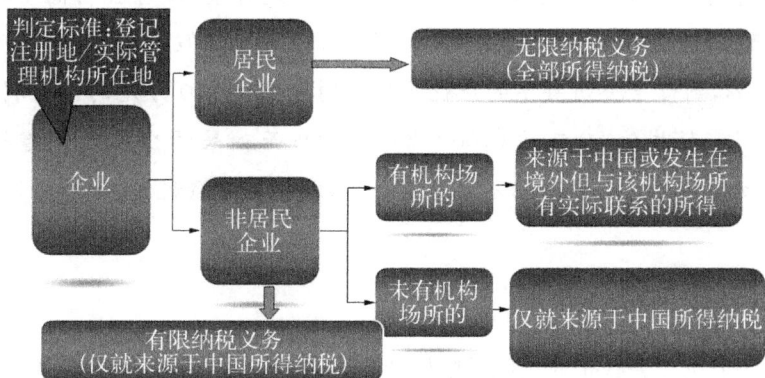

第 2 节　企业所得税的法律漏洞

我国税法某些条款规定得不明确或不完整，为企业避税提供了可利用的漏洞。所得税筹划作为企业纳税筹划的重点，其避税手法可谓花样繁多，几乎无孔不入，这不仅破坏了公平税负、平等竞争的原则，而且影响了国家的财政收入，造成大量税款的流失。以下所列举的就属于企业所得税法律漏洞的集中表现：

一、开办费的摊销

开办费的纳税筹划重点在于如何使开办费最大化、如何利用摊销比例在企业减免税期间及盈余或亏损年度时弹性运用，力图达到免缴、少缴或延缓缴纳税金的效果。

税法规定，企业在筹建期间发生的开办费，应当从开始生产经营月份的次月起，在不短于 5 年的期限内分期摊销。但是，税法仅规定开办费的摊销期限不少于 5 年，并未强制要求按平均法摊销。由此，企业在有盈利年度尽量多摊一些，而在免税期间或亏损年度尽量少摊一些（但摊销比例不能为零），就能达到延缓纳税的效果（相当于获得一笔无息贷款）。

二、利息费用的扣除

我国为债务融资提供税收优惠政策，企业可以从应税所得中扣除债务利息费用，股本融资则不享有此项优惠政策，利润留存和利润分配也不得从企业应税所得中扣除。

在现实生活中，某些企业就依据这一优惠政策通过关联企业之间相互拆借资金从而达到避税目的。

【筹划实务】

案例分析题

母公司与其下设子公司之间相互提供 1 000 万元资金，即母公司向子公司提供资金 1 000 万元，子公司同样向母公司提供资金 1 000 万元。假定年利率为 10％，所得税税率均为 25％，则母子公司每年的应税所得中均可抵扣 100 万元的债务利息费用，从而两公司实现避税共计 50 万元（100×25％×2）；而如果两公司同样是各使用资金 1 000 万元，但靠的是自我积累而不是相互拆借，就不会有避税 50 万元的好处。

三、转让定价的确定

税法规定，企业与关联企业之间的购销业务，不按独立企业之间的业务往来作价的，当地税务机关有权对其价格进行调整。但是,从当前税法条款来看,价格转让避税的运用是否合法,关键在于转让价格确定后该企业是否有利润,是否达到同行业的平均利润水平。

因此,企业可利用这一漏洞进行定价避税,该避税方法运用的前提是关联企业所处地区实行不同的税率。

【筹划实务】

> **案例分析题**
>
> 某内地集团公司生产一种 X 产品,市场最终价格为 100 元/件,生产成本为 40 元/件,销售费用为 30 元/件。若不考虑其他费用,则该集团每件产品应交所得税 7.5 元[(100-40-30)×25%]。
>
> 现该集团决定,在产品主要销往东南沿海城市的情况下,在深圳设立一家具有独立法人资格的销售公司(所得税率为 15%),一切产品由该公司负责销售,集团公司只生产。为此,该集团定价如下:
>
> ● 由于税法规定的 X 产品的销售利润率为 20%,则集团公司将销售给深圳销售公司的每件产品售价定为 50 元[40÷(1-20%)],由此得出,集团公司每件产品应交所得税 2.5 元[(50-40)×25%]。
>
> ● 深圳销售公司再以最终价格 100 元/件售出的情况下,每件产品应交所得税 3 元[(100-50-30)×15%]。
>
> ● 两公司共计纳税 5.5 元(2.5+3),比未设立销售公司时少交税 2 元(7.5-5.5),从而达到了避税的目的。

四、租赁

企业租赁包括经营租赁和融资租赁。由于税法规定企业经营租赁的租金可以全部抵减应税所得,而且融资租赁的租金中利息和手续费及预提折旧的扣除也会带来较大的税收利益,所以利用租赁避税已成为当前企业所得税筹划活动的一个新的手段。租赁避税的方法常见的有两种:

1. 利用自定租金来转移利润

【筹划实务】

> **案例分析题**
>
> 高税负公司甲借入资金购买机械设备,以最低价格租给处于低税区的另一家关联

公司乙,乙再以更高价格租给处于高税区的另一家关联公司丙。这样,高税区的甲公司和丙公司就可通过分别扣除利息费用与高额租金费用来减轻税负,而租金差价由低税区的乙公司来承担,从而达到避税的目的。

见下图解:

```
甲(高税负区)借款购买设备          乙(低税区)
        └──── 最低价格出租 ────→│更高价格
                                 │出租
                                 ↓
                          丙(高税负区)
```

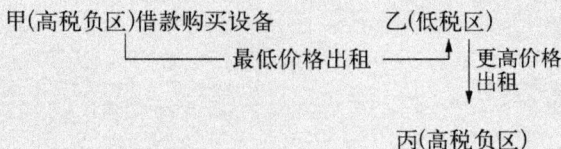

2. 利用优质资产的租赁来转移利润

【筹划实务】

> **案例分析题**
>
> 企业集团内部高税率的甲企业,将盈利的生产项目连同设备一道以租赁形式租给低税率的关联企业乙,这样不仅使利润流入低税区,而且甲、乙双方还可分别通过扣除设备租金和提取折旧来减少各自的应税所得,实现避税。

五、固定资产修理与改良的转换

对于固定资产的改良支出与大修理支出的划分,在企业所得税筹划上可以说大有文章可做。

税法规定,符合下列条件之一的固定资产修理,应视为固定资产改良支出:一是发生的修理支出达到固定资产原值的20%以上;二是经过修理后有关资产的经济使用寿命延长两年以上;三是经过修理后的固定资产有新的用途或不同的用途。需要注意的是:

● 固定资产改良支出属于固定资产在建工程的范畴,其所耗配件、材料的进项税额不得抵扣,而且改良支出要么计入固定资产原值按规定计提折旧,要么作为递延费用在不短于五年的期间内分期摊销。

● 固定资产大修理支出所耗配件、材料的进项税额可以抵扣,而且修理费用可在发生期直接扣除。显然,二者的节税效果相差甚远。

因此,如果企业将固定资产改良尽可能地转变为大修理或分解为几次修理,设法使修理支出达不到改良支出的条件,便能获得可观的避税效益。

【筹划实务】

> **案例分析题**
>
> 某企业对其设备进行大修理后,该设备经济使用寿命延长不到两年,仍用于原用途,但修理支出超过了固定资产原值的 20%,则该修理支出被税务局认定为固定资产改良支出。但是,如果该设备上某些配件并非非换不可,则可以将这些配件放在下一个纳税期间去更换,这样一来就使得本次修理支出低于固定资产原值的 20%。由此,该修理支出不满足改良支出的条件,可以在当期应税所得中一次扣除,从而达到避税的目的。

六、研发成本的处理

对企业研发成本的处理,我国会计制度与税法存在较大差异。

会计制度规定,在研发过程中发生的材料费用、直接参与开发人员的工资及福利费、开发过程中发生的租金、借款费用等,直接计入当期损益,而在无形资产开发成功后,只将依法取得时发生的注册费、聘请律师等费用作为无形资产的实际成本。

然而,税法规定,自行开发并且依法申请取得的无形资产,按照开发过程中的实际支出计价。也就是说,开发成功后必须把开发费用计入无形资产,而如果开发失败则可一次将其计入当期的企业成本费用之中,从而为企业避税筹划提供了可能。

【筹划实务】

> **案例分析题**
>
> 某企业进行 X 技术和 Y 技术开发研究过程中共耗费 50 万元人民币。经过一年多的努力,X 技术获得成功,Y 技术开发失败。依据税法和会计制度的规定,获得成功的 X 技术,其开发费用转为无形资产,在不短于十年的时间内进行摊销,开发失败的 Y 技术,其开发费用一次性计入当期损失。因此,该企业从避税角度出发,可以通过降低 X 技术的开发费用,并同时提高 Y 技术的开发费用,从而达到避税的目的。

七、获利年度的推迟

此项筹划技巧主要针对外商投资企业。

我国税法规定,对生产性外商投资企业,经营期在十年以上的,从开始获利的年度起,第一年和第二年免征企业所得税,第三年至第五年减半征收企业所得税,但是属于石油、天然气、稀有金属等资源开采项目的,由国务院另行规定(简称"二免三减半")。如果将来实际经营期不满十年的,应当补缴已免征、减征的企业所得税税款。

因此,可以通过利用税法允许的资产计价和摊销方法的选择权,在企业经营初期形成亏损,推迟开始获利年度,使"二免三减半"开始计时的时间尽可能地推后,从而减轻税负。

此外,在生产性外商投资企业设立时,尽可能申报其经营期在十年以上,以取得减免税优惠。即使将来实际经营期不足十年再补交税款,也相当于从国家取得了一笔无息贷款。

八、资本利得与股息的安排

股权转让安排通常发生在股息分配之后。此项筹划技巧也是针对外商投资企业而言的。

税法规定,外国企业和外籍人士转让其在中国境内外商投资企业的股权所得超过其出资额部分的转让收益,按 10% 的税率缴纳所得税。

税法同时又规定,外国投资者从外商投资企业取得的利润(股息)和外籍人士从中外合资企业分得的股息、红利,免征所得税。

这样,如果外国投资者在股权转让之前让被投资企业进行股利分配,合法地使转让价格降低,使其股权转让所得接近或低于其原始出资额,就可以实现避税。

此外,如果考虑到被投资企业正常运作的需要,不因支付股利带来经营上的困难,可以先将该股利挂在资产负债表"应付股利"项目,待以后再进行分期支付。这样,在不影响企业正常运转的情况下,同样可以使转让价格降低,达到避税的目的。

第3节　企业所得税的筹划空间

一、纳税人的选择

我国企业组织结构复杂且不规范,企业经营状况差异大,在独立核算制度下就存在纳税人选择的问题。当企业盈利时,可以根据盈利大小结合优惠税率,分解企业下属单位,使整个或某个下属单位享受优惠税率。而当企业及下属单位有盈有亏时,选择纳税人就显得特别重要。

此时,要想方设法使企业合并申报,盈亏对抵。否则,一个单位缴纳企业所得税,另外一个单位还得等待弥补亏损,将影响企业整体利益。如果确实不能选择纳税人,转让定价则是解决盈亏对抵的主要办法。

企业在成立时,也存在选择纳税人问题。如果是有限责任公司,则企业不仅要缴纳企业所得税,税后利润分配时还要缴纳个人所得税;如果是合伙制单位,则企业只需缴纳个人所得税。

企业投资时,可以建新厂房、买新设备,也可收购亏损企业,通过合并财务报表,在五年内用亏损企业的亏损来抵消自身的盈利,从而减轻税收。当然,收购方式要做整体效益评估,税收负担仅是其中因素之一。所以,无论是总分公司,还是母子公司,根据税收状况自如调整组织结构就能够减轻税收负担。

二、存货计价的选择

在实行比例税率环境下,对存货计价方法进行选择,必须充分考虑市场物价变化趋势因素的影响。在物价持续下降的情况下,则应选择先进后出法对企业存货进行计价,才能提高企业本期的存货成本,相对减少企业当期收益,减轻企业所得税负担。而在物价上下波动的情况下,则宜采用加权平均法或移动加权法对存货进行计价,以避免因各期利润忽高忽低造成企业各期应纳税所得额上下波动,增加企业安排应用资金的难度。

三、折旧方式的选择

折旧是成本的组成部分,而按现行制度规定,企业常用的折旧方法有平均年限法、工作量法和加速折旧法。运用不同的折旧方法计算出的折旧额在量上不一致,分摊到各期生产成本中去的固定资产成本也存在差异。因此,折旧的计算和提取必然关系到成本的大小,直接影响企业的利润水平,最终影响企业的税负轻重。企业当期需要利润时,可采用平均年限法,企业当期不需要利润时,可采用加速折旧法。虽然折旧总量不变,但年度之间的差别就是可以利用的空间。

四、准备金列支的选择(以坏账损失处理为例)

税法及现行财务制度和《企业会计准则》均规定,企业可以选择备抵法(即计提坏账准备金法)处理企业的坏账损失。不同的坏账损失处理方法对企业的应纳所得税额的影响不同。一般情况下,选择备抵法比直接冲销法可以使企业获得更多的税收收益。因为如果企业选择备抵法处理坏账损失,可以增加其当期扣除项目,降低当期应纳税所得额,从而来减轻企业的所得税负担。即使两种方法计算的应纳税所得额相等,也会因为备抵法将企业的一部分利润后移,使企业能够获得延迟纳税和增加企业的营运资金的好处。

五、其他资产摊销的选择

税法和财务制度对无形资产和递延资产摊销期限均赋予企业一定的选择空间。这样企业也就可以根据自己的具体情况,选择对企业有利的摊销期限将无形资产、递延资产摊入成本、费用中。与选择固定资产折旧年限的道理相同,在企业创办初期且享有减免税收优惠待遇时,企业可通过延长无形资产、递延资产摊销期限,将资产摊销额递延到减免税期满后计入企业成本、费用中,从而获取"节税"的税收收益。面对处于正常生产经营期的一般性企业,则宜选择较短的摊销期限,这样做,不仅可以加速无形资产和递延资产的成本的回收,抑减企业未来的不确定性风险,还可以使企业后期成本、费用前移,前期利润后移,从而获得延期纳税的好处。

六、投资核算的选择

企业对外长期投资可以采用成本法或权益法进行核算。由于成本法在其投资收益已实现但未分回投资之前,投资企业的"投资收益"账户并不反映其已实现的投资收益,而权益法无论投资收益是否分回,均在投资企业的"投资收益"账户反映。这样,当投资企业拥有的股份小于等于被投资企业全部股份的25%时,投资企业就可以选择成本法核算长期投资,并将应由被投资企业支付的投资收益长期滞留在被投资企业账上作为资本积累,或挪作他用,以便获得延迟纳税的好处,或选择有利的时机(如投资企业出现亏损或利润较低年份)才将投资收益收回,以达到减轻税负的目的。在被投资企业的税率低于投资企业时,节税效益更加明显。

七、财务会计与所得税会计差异的处理

两者之间的差异是客观存在的,合理避税的目的是使两者之间的差异调整为零,从而使利润总额和应纳税所得额相等。

在处理两者之间的差异时,首先要解决各类超标问题,招待费、广告费等超标必须用各种办法使之不超标,这些办法就是合理避税措施,而合法与不合法的界限则要求使用者根据具体情况作出必要的职业判断;其次要利用这类标准,即达不到标准时,其他超标部分可以相关调剂,使总体不超标。当然,这存在一个"度"的问题。

八、充分利用税收优惠

充分利用税收优惠,是最主要的税收筹划措施。

我国企业所得税税收优惠较多,主要有高新技术、第三产业、资源综合利用、老少边穷地区受灾、安置下岗职工、社会待业人员、校办、福利、乡镇、劳教、农业、渔业、特区等,内容十分广泛,条件也较宽松。使每一项税收优惠就是一个避税地,企业只要挂上一个避税地,就能够通过转让定价措施,转移利润以享受税收优惠。

第 4 节　企业所得税筹划的基本思路

一、对纳税主体身份的选择

（1）纳税主体的所有制性质。

（2）纳税主体的经营性质。

（3）纳税主体的变化。

二、应纳税所得额的筹划

（1）扩大投入。

（2）收益转移。

（3）合法增加准予扣除的项目。

（4）适用税率。

三、利用应税政策的筹划

第 5 节　企业所得税的筹划方法

> （1）及时"报备"，防止错失税收优惠。
> （2）创造享受优惠的条件。
> （3）盈余管理创造税收收益。
> （4）加强合同管理。
> （5）与企业财务结合，账务处理适当。
> （6）适时把握与税务机关的协调与沟通。

第 6 节　企业所得税的筹划技巧

一、纳税主体筹划

1. 个人独资、合伙企业和公司的选择

个人独资、合伙企业，只对生产经营所得征收个人所得税。

公司是纳税实体,其经营利润首先要在企业环节缴纳企业所得税,分配给股东的红利缴纳个人所得税,即"双重征税"。

一般而言,对于规模较大、管理水平要求高的企业,宜采用公司制形式,以保证企业健康运作;对于规模不大的企业,采用合伙(个人独资企业)形式比较合适。

【筹划实务】

> **案例分析题**
>
> 某人自办企业,年应税所得额为 300 000 元,如按照个人独资或合伙企业交纳个人所得税为:$300\,000 \times 35\% - 6\,750 = 98\,250$(元)
>
> 若为公司制,企业实现的税后净利全部分配给投资者,则:
>
> $$300\,000 \times 25\% + 300\,000 \times (1 - 25\%) \times 20\% = 120\,000(元)$$

2. 子公司与分公司筹划

企业设立分支机构时,不同的组织形式各有利弊。子公司是以独立法人身份出现,可享受公司所在地提供的包括免税期在内的税收优惠待遇;分公司不具有独立法人身份,不能享受当地的税收优惠。因此,在投资期,生产经营处于起步阶段,发生亏损的可能性大,宜采用分公司组织形式,其亏损可并入母公司利润中抵补,当公司成熟后,宜采用子公司组织形式,以便充分享受各项税收优惠政策。

【筹划实务】

> **案例分析题**
>
> 甲公司某年初在武汉设立一个销售分公司,分公司不具备独立纳税条件,年所得税额汇总总公司集中纳税。但年底,该公司内部核算资料表明,分公司发生亏损 50 万元,而公司总部(不包括分公司)盈利 150 万元,公司总部假设不考虑应纳所得税额的调整因素,适用所得税率 25%。

【解析】

该公司当年应纳所得税额为:$(150 - 50) \times 25\% = 25$(万元)

若分公司为独立子公司,则总公司应纳所得税额为:$150 \times 25\% = 37.5$(万元)

若子公司扭亏为盈后,企业应适时将分公司转换为子公司,可享受当地税法中的优惠条件。

二、税基式筹划：缩小税基筹划

税基是计算应纳税额的直接依据，而且一般情况下与纳税额成正比关系，要想降低税负，一个重要的思路就是减少税基。由于流转税的税基是销售额或营业额，降低税基难于操作，所以纳税筹划降低税基的主要侧重点在所得税方面。

缩小计税基础一般都要借助财务会计手段，其主要表现为增加营业成本费用，降低纳税所得，从而达到减少应纳所得税的目的。

在实际操作中，纳税人主要采取改变存货计价法、合理费用分摊法、资产租赁法、折旧计算法以及筹资方式的选择等纳税筹划技术。

1. 收入筹划法

1）销售方式的选择与纳税筹划

（1）折扣销售方式

折扣销售是指销货方在销售货物或应税劳务时，因购货方购货数量较大等原因，如买 5 件销售价折扣 10%，买 10 件折扣 20% 等，给予购货方的价格优惠。

税法规定，如果销售额和折扣额在同一张发票上分别注明的，可按折扣后的余额作为销售额计算增值税；如果将折扣额另开发票，不论其在财务上如何处理，均不得从销售额中扣除折扣额。

【筹划实务】

案例分析题

某啤酒厂于 2008 年 2 月和 9 月分别推出冬末和夏末减价促销活动，活动期间所有啤酒七折销售。该厂在这两个月中分别取得了 420 万元和 368 万元含税销售额的好成绩，该厂为增值税一般纳税人。试分析折扣销售产生的节税效应和对弥补该厂让利损失的作用。

【解析】

不让利含税销售额 $= (420 + 368)/70\% = 1\ 125.71$（万元）

含税让利 $= 1\ 125.71 \times 0.3 = 337.71$（万元）

不让利应纳增值税 $= (1\ 125.71/1.17) \times 17\% = 962.14 \times 17\% = 163.56$（万元）

折扣销售后应纳增值税 $= (788/1.17) \times 17\% = 673.504 \times 17\% = 114.5$（万元）

折扣销售后共节减增值税 $= 163.56 - 114.5 = 49.06$（万元）

折扣销售后共节减企业所得税 $= (962.145 - 673.504) \times 25\% = 72.16$（万元）

该啤酒厂实际让利 $= 337.71 - 72.16 - 49.06 = 216.49$（万元）

■ 由此可见，该啤酒厂2月和9月的折扣销售，可以减轻增值税49.06万元，节减企业所得税72.16万元，节减的税收可以减少该厂折扣销售的利润损失。

（2）代销方式

① 采取收取手续费的方式

【筹划实务】

案例分析题

和军公司以2 000元/套的价格对外销售天祥的西服，根据代销数量，向天祥公司收取30%的代销费，即和军公司每代销天祥公司一套西服，收取600元的手续费，支付给天祥公司1 400元，假定到了年末，和军公司共出售出西服5 000套。

【解析】

对于这笔业务，双方的收入和应缴税金（不考虑所得税）情况分别为：

● 天祥公司：

收入增加：$1\,400 \times 5\,000 = 700$（万元）

增值税销项税额为：$5\,000 \times 2\,000 \times 17\% = 170$（万元）

● 和军公司：

收入增加：$600 \times 5\,000 = 300$（万元）

增值税销项税额和进项税额相等，相抵后，就该项业务的应缴增值税额为零，但和军公司采取手续费的代销方式，属于营业税征税范围中的代理业务，应交营业税 $300 \times 5\% = 15$（万元）

■ 两公司合计收入增加了 $700 + 300 = 1\,000$（万元），应交增值税和营业税 $= 170 + 15 = 185$（万元）。

② 采取视同买断的方式

【筹划实务】

案例分析题

和军公司每出售一套西服，天祥公司按1 400元/套的协议价款收取，而和军公司仍以2 000元/套的价格在市场上出售，实际售价与协议差价：$2\,000 - 1\,400 = 600$元，归和军公司所有。假定到了年末，和军公司共售出西服仍为5 000套。

【解析】

对于这项业务,双方的收入和应缴税金情况分别为(不考虑所得税):

● 天祥公司:

收入增加:1 400×5 000 = 700(万元)

增值税销项税额增加:700×17% = 119(万元)

● 和军公司:

收入增加:5 000×600 = 300(万元)

增值税销项税额:1 400×5 000×17% = 119(万元)

应交增值税额:170 − 119 = 51(万元)

■ 两公司合计,收入增加1 000万元,应缴税金:119+51=170(万元)

【案例启示】

根据上述分析,将第二种销售方式与第一种相比较:

● 天祥公司:收入不变,应交税金减少170−119=51(万元)

● 和军公司:收入不变,应交税金增加51−15=36(万元)

显然,从双方共同利益出发,应选择第二种方式,即视同买断方式。这种方式与第一种方式相比,在最终售价一定的条件下,双方合计交纳的增值税是相同的,但在收取手续费的方式下,和军公司要交营业税。

2) 利用销售收入结算方式和时间进行筹划

企业产品销售具体形式是多种多样的,主要有两种方式,现销和赊销。

【筹划实务】

案例分析题

东方电机厂2008年9月1日出售旧电机一台,价值200万元,产品成本为150万元,该单位为增值税一般纳税人,适用于17%增值税税率,因购买企业方资金暂时困难,货款一时无法收回。

【解析】

(1) 如果按照直接收款方式销售产品,东方电机厂9月份实现该电机销项税额为34万元(200×17% = 34万元)。

(2) 如果东方电机厂同购货单位达成分期收款的协议,协议中注明分5个月收回货款,每个月 30 日前购货单位支付货款 40 万元,则每个月的销项税额为 6.8 万元。

【案例启示】

分期收款的方式,既能使企业收到货款,又能减轻企业的税收压力。

2. 利用准予扣除项目的筹划

1) 固定资产折旧的筹划

理论要点:由于折旧都要计入成本,直接关系到成本的大小、利润的高低、可纳税额的多少。因此,计提折旧会减少利润,从而使所得税减少。折旧起到的减少税负的作用称之为"折旧抵税"或"税收挡板"。

筹划切入点:具体包括选择最短折旧年限、缩短折旧年限、采用加速折旧方法等内容筹划。

2) 期间费用的筹划

(1) 把握期间费用的划分和扣除金额

【筹划实务】

案例分析题

某食品制造企业 2008 年度实现产品销售收入 80 万元,减去成本和 15 万元的广告费,税前利润为 16 万元。2009 年为巩固市场,加大产品营销力度,采取在某市挂条幅的方式宣传产品。现企业营销部门有两种方案:

一是自己筹划实施,委托某单位加工条幅,在相关部门申请广告审批后悬挂,此方案预计费用 15 万元。

二是委托当地一家广告公司制作完成,预计费用 18 万元。

【解析】

方案一:

根据相关规定,企业自身操作只能作为业务宣传费在税前列支,其扣除金额为:

$800\,000 \times 5\text{‰} = 4\,000$(元)

应调增应纳税所得额 $= 150\,000 - 4\,000 = 146\,000$(元)

税后利润 $= 160\,000 - (160\,000 + 150\,000 - 4\,000) \times 25\% = 83\,500$(元)

方案二:

根据规定,本企业广告费可以无限期向以后年度结转,则此广告费用可以在企业所得税前列支 $180\,000$ 元。

税后利润 $= 160\,000 + 150\,000 - (160\,000 + 150\,000 - 180\,000) \times 25\% = 97\,500$（元）

【案例启示】

方案二比方案一节约税负：$97\,500 - 83\,500 = 14\,000$（元）

（2）准备金列支的选择（以坏账损失处理为例）

企业可以选择备抵法（即计提坏账准备金法）处理企业的坏账损失。不同的坏账损失处理方法对企业的应纳所得税额的影响不同。

一般情况下，选择备抵法比直接冲销法可以使企业获得更多的税收收益。

［因为① 选择备抵法处理坏账损失，可以增加其当期扣除项目，降低当期应纳税所得额，从而减轻企业的所得税负担；② 即使两种方法计算的应纳税所得额相等，也会因为备抵法将企业的一部分利润后移，使企业能够获得延迟纳税和增加企业的营运资金的好处。］

（3）分散利息费用

筹资渠道和筹资方法筹划：掌握不同筹资方法所涉及利息税前扣除标准和规定上的不同。

筹划切入点：避免高息借款；变通关联企业的借款形式。

（4）控制业务招待费

筹划切入点：

第一，掌握业务招待费临界点。按照新税法规定，无论企业开支多少业务招待费，至少 40% 的费用不能在企业所得税前扣除，如果企业发生额的 60% 超过了当年销售收入的 5‰，不得在税前扣除的费用比例将更高。

第二，适当情况下进行业务招待费转换。业务招待费与会议费用、业务宣传费存在着可以相互替代，相互交叉的项目内容。

3）捐赠和资助的筹划

理论要点：企业发生的公益性捐赠支出，在年度利润总额的 12% 以内的部分，准予在计算应纳税所得额时扣除。

筹划切入点：企业在符合税法规定的情况下，可以充分利用政策，分析不同捐赠方式的税收负担，在不同的捐赠方式中做出选择，做到既捐赠又能降低税负的目的。

3. 存货计价的选择

利用不同的存货发出计价方法，其成本存在差异，实现的应纳税所得额不同，缴纳的税款也不同。

一般来说，在物价下降时期，采用先进先出法，期末存货为最近成本，其价值较低，发出商品成本则较高，应纳税所得额也较低。而采用加权平均法计算发出商品成本较稳定，起伏不大，适合于采用累进所得税率的情况。

三、关联企业之间的利润转移筹划

理论要点:企业所得税 25% 的基本税率和小型微利企业 20% 的照顾性税率,主要依靠年度应纳税所得额超过 30 万元来界定,这为筹划提供了依据。

【筹划实务】

> **案例分析题**
>
> 甲、乙公司为同一家母公司的两个独立企业,两家公司的从业人数、资产总额符合小型微利企业的条件。2008 年甲公司形成的应纳税所得额为 15 万元,乙公司形成的应纳税所得额为 34 万元。则:两公司分别按照税法规定应缴纳的所得税为:
>
> 甲公司企业所得税 $= 15 \times 20\% = 3$(万元)
>
> 乙公司企业所得税 $= 34 \times 25\% = 8.5$(万元)
>
> 两公司的企业所得税 $= 3 + 8.5 = 11.5$(万元)
>
> 两公司平均所得税负担率 $= 11.5/(15 + 34) \times 100\% = 23.5\%$

【解析】

如果两公司采取一定的手段,使利润自乙公司向甲公司转移 5 万元,则两公司的应纳税所得额分别为 20 万元和 29 万元,均可适用 20% 的税率。

筹划后的所得税为:

甲公司企业所得税 $= 20 \times 20\% = 4$(万元)

乙公司企业所得税 $= 29 \times 20\% = 5.8$(万元)

两公司的企业所得税 $= 4 + 5.8 = 9.8$(万元)

两公司平均所得税负担率 $= 9.8/(20 + 29) \times 100\% = 20\%$

【案例启示】

可见,在存在差别优惠税率的情况下,关联企业通过转移利润,将高税率企业的利润部分转移到低税率的企业,可以减轻企业税负。

四、亏损弥补筹划

(1) 本年度收益额大于前 5 年亏损额时,应就其差额缴纳所得税。

【筹划实务】

> **案例分析题**
>
> 假设企业第 6 年度收益额为 25 万元,减去前 5 年亏损额 14 万元,抵扣后的收益额为:25 万元－13 万元＋8 万元－9 万元＝11 万元
>
> 应纳所得税额如下:11 万元×20％＝2.2 万元

(2)本年度收益额小于前 5 年亏损额时,所剩余额可以留待次年度扣除。

【筹划实务】

> **案例分析题**
>
> 假设公司第 6 年全年所得额为 12 万元,前 5 年亏损额为 41 万元,抵扣后的收益额如下:12 万元－15 万元－6 万元－20 万元＝－29 万元,故可免纳企业所得税。

(3)本年度结算如发生亏损,则当年无需缴纳所得税,前 4 年的亏损额加上当年度亏损额的总额,留下年度抵减。

需要注意的是:

① 这里所说的年度亏损额,是指按照税法规定核算出来的,而不是利用推算成本和多列工资、招待费及其他支出等手段虚报亏损。

② 根据国税发〔1996〕162 号《关于企业虚报亏损如何处理的通知》,税务机关对企业进行检查时,如发现企业多列扣除项目或是少计应纳税所得,从而多报亏损的,经调整后无论企业仍是亏损还是变为盈利,应视为查出相同数额的应纳税所得,一律按 25％的法定税率计算相应的应纳税所得额,以此作为偷税罚款的依据。

■ 政策启示:企业必须正确地向税务机关申报亏损,才能使国家允许企业用下一纳税年度的所得,弥补本年度亏损的政策发挥其应有的作用。

五、股权投资的税务筹划

企业长期股权投资的会计核算可以采用成本法和权益法,成本法在被投资企业未分配利润之前,投资企业不反映其已实现的投资收益,不用缴纳所得。

由此可见,采用成本法的企业可以将应由被投资企业支付的投资收益,长期滞留在被投资企业账上作为资本公积,也可挪作他用,以长期规避这部分投资收益应补缴的企业所

得税。

即使采用成本法核算的企业无心避税,投资收益实际收回后也会出现"滞纳"税款的现象。一般说来,股利发放滞后于投资收益的实现,企业于实际收到股利的当期才缴纳企业所得税,这就为企业带来一定的资金时间价值。

六、分期预缴年终汇算清缴的税务筹划

企业所得税采取按年计算、分期预缴、年终汇算清缴的办法征收。

预缴是为了保证税款及时、均衡入库的一种手段,但是企业的收入和费用列支要到一个会计年度结束后才能完整计算出来,平时在预缴中不管是按照上年应纳税所得额的一定比例预缴,还是按纳税期的实际数预缴都存在不能准确计算当期应纳税所得额的问题。

国家税务总局规定,企业在预缴中少缴的税款不作为偷税处理。因此,企业可以合理安排当年的效益,则可选择按上年度应纳税额比例预缴;反之则按实际数预缴。

七、所得税税率的筹划

新法实施后,企业所得税率统一为25%,国家需要重点扶持的高新技术企业税率为15%,小型微利企业20%。对企业来说,企业的发展方向应尽量向高新技术企业努力,享受国家税收优惠政策。小型企业应对盈利水平进行预测,可考虑将企业的盈利水平控制在国家规定的微利企业标准之内,争取适用20%的低税率。

此外,应尽量设立创业投资企业,可享受70%投资款抵免应纳税所得额的优惠政策。

八、利用优惠政策的筹划

【拓展资源】

小型微利企业

小型微利企业通常指自我雇佣(包括不付薪酬的家庭雇员)、个体经营的小企业。

一、概述

小型微利企业的创立和发展,对于创造大量自我就业机会、扶助弱势群体、促进经济发展和保持社会稳定都具有积极作用。应努力营造比较宽松的政策环境,支持小型微利企业的创立和发展。

根据2007年12月6日出台的《企业所得税法实施条例》的规定,所谓小型微利企业,是指从事国家非限制和禁止行业,并符合下列条件的企业:

(1)工业企业,则为年度应纳税所得额不超过30万元,从业人数不超过100人,资产总额不超过3 000万元;

（2）其他企业，则为年度应纳税所得额不超过 30 万元，从业人数不超过 80 人，资产总额不超过 1 000 万元。

二、优惠政策

1. 所得税

自 2012 年 1 月 1 日至 2015 年 12 月 31 日，对年应纳税所得额低于 6 万元（含 6 万元）的小型微利企业，其所得减按 50% 计入应纳税所得额，按 20% 的税率缴纳企业所得税。

依据：《财政部国家税务总局关于小型微利企业所得税优惠政策有关问题的通知》（财税〔2011〕117 号）

《中华人民共和国企业所得税法》第二十八条：符合条件的小型微利企业，减按 20% 的税率征收企业所得税。财政部、国家税务总局《关于执行企业所得税优惠政策若干问题的通知》（财税〔2009〕69 号）第八条规定，企业所得税法第二十八条规定的小型微利企业待遇，应适用于具备建账核算自身应纳税所得额条件的企业，按照《企业所得税核定征收办法》（国税发〔2008〕30 号）缴纳企业所得税的企业，在不具备准确核算应纳税所得额条件前，暂不适用小型微利企业适用税率。

不能享受优惠的小微企业。根据财税〔2009〕69 号文件第八条，以及《国家税务总局关于非居民企业不享受小型微利企业所得税优惠政策问题的通知》（国税函〔2008〕650 号）的规定，实行核定征收企业所得税的小型企业以及非居民企业，不适用减按 20% 税率征收企业所得税的税率及优惠政策。

自 2014 年 1 月 1 日至 2016 年 12 月 31 日，对年应纳税所得额低于 10 万元（含 10 万元）的小型微利企业，适用所得税优惠政策。

依据：《财政部国家税务总局关于小型微利企业所得税优惠政策有关问题的通知》（财税〔2014〕34 号）

自 2015 年 1 月 1 日至 2017 年 12 月 31 日，对年应纳税所得额低于 20 万元（含 20 万元）的小型微利企业，其所得减按 50% 计入应纳税所得额，按 20% 的税率缴纳企业所得税。

依据：《财政部国家税务总局关于小型微利企业所得税优惠政策的通知》（财税〔2015〕34 号）

2. 增值税和营业税

财政部《关于修改〈中华人民共和国增值税暂行条例实施细则〉和〈中华人民共和国营业税暂行条例实施细则〉的决定》（财政部令第 65 号）对增值税（营业税）起征点幅度进行了调整，自 2011 年 11 月 1 日起，增值税（营业税）起征点，按期纳税的，为月销售额（营业额）5 000 元—20 000 元；按次纳税的，为每次（日）销售额（营业额）300 元—500 元。根据上述规定，各地陆续确定了增值税和营业税起征点，多个省份将起征点调至最高限额，以此减轻小微企业的负担。

按照规定,增值税和营业税起征点的适用范围仅限于个人(这里的个人指个体工商户和其他个人)。因此,增值税和营业税起征点调整的优惠,只适用于符合小型微型企业的个体工商户,个人独资企业和合伙企业则不适用该优惠政策。

国务院总理李克强 2013 年 7 月 24 日主持召开国务院常务会议,决定进一步公平税负,暂免征收部分小微企业增值税和营业税;从 2013 年 8 月 1 日起,对小微企业中月销售额不超过 2 万元的增值税小规模纳税人和营业税纳税人,暂免征收增值税和营业税,并抓紧研究相关长效机制。这将使符合条件的小微企业享受与个体工商户同样的税收政策,为超过 600 万户小微企业带来实惠,直接关系几千万人的就业和收入。

3. 印花税

财政部、国家税务总局《关于金融机构与小型微型企业签订借款合同免征印花税的通知》(财税〔2011〕105 号)文规定,自 2011 年 11 月 1 日起至 2014 年 10 月 31 日止,对金融机构与小型、微型企业签订的借款合同免征印花税。

而根据印花税的一般规定,银行及其他金融组织和借款人(不包括银行同业拆借)所签订的借款合同,按借款金额万分之零点五贴花。

4. 其他优惠

对依照工业和信息化部、国家统计局、国家发展改革委、财政部《关于印发中小企业划型标准规定的通知》(工信部联企业〔2011〕300 号)认定的小型和微型企业,免征管理类、登记类和证照类等有关行政事业性收费。其中包括免征税务部门收取的税务发票工本费。

5. 以往的优惠政策

自 2011 年 1 月 1 日至 2011 年 12 月 31 日,对年应纳税所得额低于 3 万元(含 3 万元)的小型微利企业,其所得减按 10% 的优惠税率计算缴纳企业所得税。

依据:财政部国家税务总局《关于继续实施小型微利企业所得税优惠政策的通知》财税〔2011〕4 号

三、面临的问题

1. 存在明显的"脆弱性"

绝大多数小型微利企业面临资金短缺的困难。比起中小型企业,小型微利企业贷款的风险成本和信用成本更高,商业性银行一般都不愿介入此类业务。

2. 外部生存环境面临困难和压力

受到市容整顿、经营场所经常变迁、租金费用上升、行业管理条例限制等因素的干扰,加之多数从业者文化水平不高、经营能力较弱,以及资金短缺、经营分散与场地缺乏,小型微利企业的发展空间受到较大程度制约。

3. 缺少政府支持和社区服务

小型微利企业与政府之间缺少经常性联系与沟通,惟一的联系就是税收或登记,即便有自办的协会之类组织，但由于组织不力，多数个体工商户也很难从中得到所需的服务。小型微利企业与所在社区联系也比较松散，难以得到当地社区的服务。

4．缺乏必要的社会保障

小型微利企业的从业者多数都未办理社会保险，即使已经办理的也是自己承担全部费用，这成为小型微利企业从业者的一大后顾之忧。

四、解决的办法

1．制定面向小型微利企业的就业支持政策

应充分发挥小型微利企业对于创造就业机会，特别是扶助弱势群体就业的作用，制定面向小型微利企业的就业支持政策，如依据雇员人数给予小型微利企业经营者以税费减免优惠。

2．加大金融对小型微利企业扶持力度

鼓励支持风险投资机构、民间担保中介机构或协会组织，向小型微利企业提供资金支持或小额贷款担保。应进一步研究和制定拓展小型微利企业融资渠道的措施和优惠政策，支持面向小型微利企业融资贷款试点工作的开展。

3．加大政府对小型微利企业的支持力度

一是应建立为小型微利企业提供创业培训、法律咨询、市场咨询的综合服务机构和部门，建立为小型微利企业创立、运作进行指导和服务的体系；二是对为小型微利企业服务的机构和项目，辅以贴息贷款、税收减免等财政支持；三是降低小型微利企业的准入门槛，扩大小型微利企业的经营许可范围，在城市商业地段与集市内提供定期和不定期的专营场地。

4．加强社会保障对小型微利企业的辅助力度

应将小型微利企业从业者纳入社会保障体系，推行具有简便易行、操作性强、选择余地大、进入门槛低等特点的社保品种。应处理好小型微利企业就业的灵活性与社会保险的关系，可从征缴的税收中按一定比例提取社会保障费的方式，使小型微利企业从业者享有社保的权利。

5．加强社区对小型微利企业的服务力度

应充分发挥社区功能，立足社区服务，将小型微利企业创立与解决困难群体就业结合起来，通过社区组建类似小型微利企业民间协会的互助式组织，加强经营信息交流与资金互助关系。有条件的社区，还应为小型微利企业提供经营场地。

第4章 个人所得税的税收筹划

第1节 个人所得税的基本法律界定

一、纳税人的法律界定

个人所得税是对个人(自然人)取得的各项应税所得征收的一种税。个人所得税的纳税人包括：① 中国内地公民。② 在中国有所得的外籍人员(包括无国籍人员)和香港、澳门、台湾同胞。按住所和居住时间可分为：居民纳税义务人与非居民纳税义务人。

1. **居民纳税人**

居民纳税人负有无限纳税义务,在一定期限内的个人获得的一切利益,不论其来源是中国境内还是境外,不论取得方式,不论是偶然所得,还是临时所得,不论是货币、有价证券,还是实物等。

在实际判定个人的税收居民身份时,需掌握的要点有：

(1) 在中国境内是否有住所。如有住所,即为居民纳税人。

(2) 在中国境内无住所,但居住满一年。

个人只要符合或达到其中任一标准,即可认定为居民纳税人。

2. **非居民纳税人**

非居民纳税人负有有限纳税义务,仅就其来自中国境内的所得征收个人所得税。

在实际判定个人是否为非居民纳税人时,所需满足的要点有：

(1) 在中国境内无住所又不居住。

(2) 在中国境内无住所,且居住不满一年。

个人只要符合或达到其中任一标准,即可认定其为非居民纳税人。

二、征收范围的法律界定

(1) 工资、薪金、奖金、年终加薪、劳动分红、津贴等个人所得；

(2) 个体工商户的生产、经营所得(含个人独资企业和合伙企业)；

（3）对企事业单位的承包经营、承租经营的所得；

（4）劳务报酬所得；

（5）稿酬所得；

（6）特许权使用费所得；

（7）利息、股息、红利所得；

（8）财产租赁所得；

（9）财产转让所得；

（10）偶然所得——中奖、中彩等；

（11）其他所得。

三、计税依据的法律界定

1. 费用减除标准

（1）个人所得

$$应纳税所得额 ＝ 每月收入额 － 3\,500$$

（2）个体工商户的生产、经营所得

$$应纳税所得额 ＝ 纳税年度的收入总额 － 减除成本、费用以及损失$$

（3）对企事业单位的承包经营、承租经营所得

$$应纳税所得额 ＝ 纳税年度的收入总额 － 减除成本、费用以及损失 － 3\,500 \times 12$$

（4）劳务报酬所得、稿酬所得、特许权使用费所得、财产租赁所得

$$应纳税所得额 ＝ 每次收入不超过 4\,000 元 － 800$$
$$＝ 每次收入 4\,000 元以上 \times (1 － 20\%)$$

（5）财产转让所得

$$应纳税所得额 ＝ 转让收入额 － 原值和合理费用$$

（6）利息、股息、红利所得

$$应纳税所得额 ＝ 每次收入额$$

2. 附加减除费用适用的范围和标准

（1）附加减除费用适用的范围：

a. 在中国境内的外商投资企业和外国企业中工作取得工资、薪金所得的外籍人员。

b. 应聘在中国境内的企业、事业单位、社会团体、国家机关中工作取得工资、薪金所得的外籍专家。

c. 在中国境内有住所而在中国境外任职或者受雇取得工资、薪金所得的个人。

d. 财政部确定的取得工资、薪金所得的其他人员。

（2）附加减除费用标准：应纳税所得额 ＝ 每月所得 － 2 000 － 2 800

（3）华侨和香港、澳门、台湾同胞参照上述附加减除费用标准执行。

3. 每次收入的确定

（1）劳务报酬所得，根据不同劳务项目，分别规定为：

● 只有一次性收入的，以取得该项收入为一次。

● 属于同一事项连续取得收入的，以一个月内取得的收入为一次。

（2）稿酬所得，以每次出版、发表取得的收入为一次。

（3）特许权使用费所得，以某项使用权的一次转让所取得的收入为一次。

（4）财产租赁所得，以一个月内取得的收入为一次。

（5）利息、股息、红利所得，以支付时取得的收入为一次。

（6）偶然所得，以每次收入为一次。

（7）其他所得，以每次收入为一次。

4. 计税依据的其他规定

（1）个人将其所得通过中国境内的社会团体、国家机关向社会公益事业以及遭受严重自然灾害地区、贫困地区捐赠，捐赠额未超过纳税义务人申报的应纳税所得额30％的部分，可以从其应纳税所得额中扣除。

（2）个人的所得用于资助的，可以全额在下月、下次或当年计征个人所得税时，从应纳税所得额中扣除，不足抵扣的，不得结转抵扣。

（3）个人取得的应纳税所得，包括现金、实物和有价证券。

四、税率的法律规定

工资、薪金所得，适用3％—45％的超额累进税率。

个体工商户的生产、经营所得和对企事业单位的承包经营、承租经营所得，适用5％—35％的超额累进税率。

稿酬所得，适用比例税率，税率为20％，并按应纳税额减征30％。故其实际税率为14％。

劳务报酬所得，适用比例税率，税率为20％。超高收入的特殊规定：

（1）对应纳税所得额2万元至5万元的部分，按照应纳税额加征50％。

（2）超过5万元的部分，加征100％。

【注】劳务报酬所得，实际上适用20％、30％、40％的三级超额累进税率。

特许权使用费所得，利息、股息、红利所得，财产转让所得，偶然所得和其他所得，适用比例税率20％。

第 2 节　个人所得税纳税人的税收筹划

一、居民纳税义务人与非居民纳税义务人的转换

因纳税人的不同,税收政策也不同,因此纳税人应该把握这一尺度,合法筹划纳税人身份。

【筹划实务】

案例分析题

一位美国工程师受雇于一家位于美国的公司。从 2007 年 10 月起,他到中国境内的分公司帮助筹建某工程。2008 年度内他曾离境 60 天回国向总公司述职,又曾离境 40 天回国探亲。2008 年度共领取薪金 96 000 元。

【解析】

- 两次离境时间总计超过 90 天——属非居民纳税义务人。
- 96 000 元的薪金来源于境外,不征收个人所得税。

【注】

(1) 如果他在 2008 年度累计离境时间不超过 90 日,他将成为中国税法意义上的居民纳税人,需要就其全部所得缴纳个人所得税。

(2) 中美两国有税收协定,如果在中国境内缴纳了个人所得税,可以在美国得到抵免,这时应分析他在美国的纳税情况,综合考虑。

二、通过人员的住所变动降低税收负担

1. 人员住所变动

是指个人通过个人的住所或居住地跨越税境的迁移。

2. 相关规定

"在中国境内有住所、或者无住所而在境内居住满一年的个人,从中国境内和境外取得的所得,依照规定缴纳个人所得税""在中国境内无住所又不居住或者无住所而在境内居住不满一年的个人,从中国境内取得的所得,依照规定缴纳个人所得税"。

3. 几个时间概念

(1) 境内居住一年:是指在一个纳税年度中在中国境内居住 365 天。临时离境的,不

扣减日数。

（2）临时离境：是指在一个纳税年度中一次不超过30天或者多次累计不超过90天的离境。

4. 筹划思路

当事人把自己的居所迁出某一国，但又不在任何地方取得住所，从而躲避所在国对其纳税人身份的确认，进而免除个人所得税的纳税义务。

三、通过人员流动降低税收负担

从本质上讲，与人员的住所的变动大同小异。主要区别于：

- 前者是住所的变化；
- 后者则是人本身在不同的区域中位移。

【例1】

一个跨国自然人可以不停地从这个国家向那个国家流动，但在每一个国家停留的时间都不长，这个人就可以不作为任何国家居民，从而不作为任何国家的纳税人，进而达到免予缴税的目的。再一种情况，就是在取得适当的收入之后，将财产或收入留在低税负地区，人则到高税负但费用比较低的地方去。

【例2】

香港的收入高，税收负担比较低，但是当地的生活费用却是高得惊人，于是有的香港人在取得足够的收入之后，就到内地来，从而既不必承担内地的高税收负担，同时又逃避了香港的高水平消费的费用，真可谓一举两得。

四、企业所得税纳税义务人与个体工商户纳税义务人、个人独资企业、合伙制企业的选择

1. 主要投资方式

（1）个体工商户，从事生产经营和承包、承租业务；

（2）个人独资企业；

（3）合伙企业；

（4）有限责任制企业（企业所得税纳税义务人）。

【注】个人独资企业、合伙制企业、有限责任制企业等三种形式的企业是法人单位，能独立申购发票，且可以享受国家的一些税收优惠政策。主要承担的责任：

- 有限责任制企业，只承担有限责任，风险相对较小。
- 个人独资企业和合伙制企业，承担无限责任，风险较大。
- 纳税人身份的转换，就可以分析其税负情况。

2. 筹划思路

作为投资者个人,在进行投资前必然会对不同的投资方式进行比较,以选择最佳方式进行投资。

五、个体工商户与个人独资企业的转换

利用个体工商户与个人独资企业的转换,通过对税基大的应纳税所得额进行分解来获得税收利益。

【筹划实务】

> **案例分析题**
>
> 2013年王某开设了一个经营水暖器材的公司,由其妻负责经营管理。王某同时也承接一些安装维修工程。预计其每年销售水暖器材的应纳税所得额为4万元,承接安装维修工程的应纳税所得额为2万元。

【解析】

(1) 筹划前:王某的经营所得属个体工商户生产经营所得

$$全年应纳所得税 = 60\,000 \times 35\% - 6\,750 = 14\,250(元)$$

(2) 筹划后:王某和妻子决定成立两个个人独资企业:王某的企业专门承接安装维修工程、王妻的公司只销售水暖器材。

$$每年应纳的所得税分别为:20\,000 \times 20\% - 1\,250 = 2\,750(元)$$
$$40\,000 \times 30\% - 4\,250 = 7\,750(元)$$

- 两人合计纳税 $2\,750 + 7\,750 = 10\,500(元)$
- 每年节税 $14\,250 - 10\,500 = 3\,750(元)$

第3节 对不同收入项目计税依据和税率的筹划

一、工资薪金所得的纳税筹划

1. 纳税人

1) 居民纳税人

居民纳税人负有无限纳税义务,在一定期限内个人获得的一切利益,不论来源是中国

境内还是境外,不论取得方式,不论是偶然所得,还是临时所得,不论是货币、有价证券,还是实物等。

(1) 在中国境内有住所。

(2) 在中国境内无住所,但居住满一年。

2) 非居民纳税人

非居民纳税人负有有限纳税义务只有来自中国境内的来源征收个人所得税。

(1) 在中国境内无住所又不居住;

(2) 无住所,且居住不满一年。

2. 征税对象

1) 工资薪金所得

工资薪金所得是指个人因任职或受雇而取得的工资(蓝领)、薪金(白领)、奖金、年终加薪、劳动分红、津贴、补贴以及与任职或受雇有关的其他所得。

2) 计征方式

(1) 按月征收个人所得税。

(2) 按 3%—45% 的七级超额累进税率。

个人所得税七级超额累进税率表

级　数	全月应纳税所得额	税率(%)	速算扣除数
1	不超过 1 500 元部分	3	1
2	超过 1 500—4 500	10	105
3	超过 4 500—9 000	20	555
4	超过 9 000—35 000	25	1 005
5	超过 35 000—55 000	30	2 755
6	超过 55 000—80 000	35	5 505
7	超过 80 000 元部分	45	13 505

3) 计征规定

(1) 以每月收入减除 3 500 元后的余额为应税所得。

【注】a. 单位、个人缴付的"三险一金"允许扣除。

b. 不征税的津贴、补贴有:

● 独生子女补贴。

● 执行公务员工资制度未纳入基本工资总额的补贴、津贴差额和家属成员的副食品补贴。

● 托儿补助费。

● 差旅费津贴、误餐补助。

（2）外籍人员在每月减除 3 500 元的基础上再减除 1 300 元。

（3）个人对取得一次性年终奖金的计税方法：法律规定，当每个月的工资薪金超过 3 500 元扣除数，则年终奖金直接除以 12；如果每个月的工资薪金未超过 3 500 元的扣除数，则（年终奖金＋当月薪金－3 500 元）/12，找适合的税率和速算扣除数。注意：一年只能有一次这样的计算。

4）例题

（1）某公司经理当月取得工资薪金 8 200 元。当月应纳个人所得税？

【解析】应纳税所得额 ＝ 8 200 － 3 500 ＝ 4 700

　　　　应纳税额 ＝ 4 700 × 20% － 555 ＝ 385（元）

（2）某德国专家（假定为非居民纳税人），月工资收入 14 000 元。当月应纳个人所得税？

【解析】应纳税所得额 ＝ 14 000 － 4 800 ＝ 9 200

　　　　应纳税额 ＝ 9 200 × 20% － 375 ＝ 1 465（元）

（3）肖某为中国公民，每月绩效工资 1 200 元，12 月又一次性领取年终奖 12 400 元。该月应缴纳个人所得税？

【解析】每月奖金平均额 ＝（12 400 ＋ 1 200 － 3 500）/12 ＝ 841.67——适用税率3%

　　　　应纳税额 ＝ 841.66 × 3% － 0 ＝ 25.25（元）

3. 纳税筹划

1）工资薪金的筹划

【筹划实务】

案例分析题

企业招收一批毕业生，工资 4 300 元，再给 800 元租房补贴。

【解析】

　　应纳税额 ＝（4 300 ＋ 800 － 3 500）× 10% － 105 ＝ 55（元）

　　实际所得 ＝ 4 300 ＋ 800 － 800 － 55 ＝ 4 245（元）

　　如果单位统一租房，房租 700 元/人，工资发 4 400 元。单位并未多支付。

　　则：应纳税额 ＝（4 400 － 3 500）× 3% ＝ 27（元）

　　　　实际所得 ＝ 4 400 － 27 ＝ 4 373（元）

　　　　实际多得 ＝ 4 373 － 4 245 ＝ 128（元）

2）企业在"三险一金"等方面多给职工缴纳，比多发放工资更合算，职工个人更实惠。

【筹划实务】

> **案例分析题**
>
> 王某月工资5 800元,缴纳300元社会保险费。

【解析】

$$应纳税额 = (5\,800 - 300 - 3\,500) \times 10\% - 105 = 95$$

$$全年应纳税额 = 145 \times 12 = 1\,140(元)$$

如果单位按12%给职工存入住房公积金,则职工个人也从工资中存入相同的数额。

【注】 提供职工假期旅游津贴、免费工作餐、家具、住宅设备、交通车辆、住房、办公设备(如笔记本电脑等)、给职工子女提供奖金、为职工提供公共设施服务,如水、电、煤气、电话等,不可一味增加职工现金收入。

3)年终奖金支付方式和金额的选择筹划

法律规定,可以进行12个月平均的计算年终奖金的方式。一年只能用一次。因此企业如果按季度、半年度等发放这类奖金则不合算。**【注】** 累进的临界点问题值得关注。

【筹划实务】

> **案例分析题**
>
> 甲、乙二人的当月工资都高于扣除金额3 500元。甲的年终奖金18 000元,乙的年终奖金18 100元。

【解析】

(1)甲适用税率:18 000/12 = 1 500(元)——适合3%

甲应纳税额 = 18 000 × 3% = 540(元)

甲净收入 = 18 000 - 540 = 17 460(元)

(2)乙适用税率计算:18 100/12 = 1 508.33——适合10%

乙应纳税额 = 18 100 × 10% - 105 = 1 705(元)

乙净收入 = 18 100 - 1 705 = 16 395(元)

■ 小结:从表面看,乙比甲的年终奖金多发了100元,但结果是乙比甲少得收入17 460 - 16 395 = 1 065元。

二、劳务报酬的纳税筹划

1. 劳务报酬所得的法律界定

1) 征税对象

劳务报酬所得——属于独立个人劳动所得。是指个人从事设计、装潢、安装、制图、化验、测试、医疗、法律、会计、咨询、讲学、新闻、广播、翻译、审稿、书画、雕刻、影视、录音、录像、演出、表演、广告、展览、技术服务、介绍服务、经济服务、代办服务以及其他劳务报酬所得。

特别注意:是否存在雇佣与被雇佣关系是判断一种收入是属于劳务报酬所得,还是属于工资薪金所得的重要标准。

2) 计税依据

按次缴纳个人所得税。

● 每次收入不超过 4 000 元,定额减除费用 800 元后缴纳个人所得税。

● 每次收入超过 4 000 元的,定率减除 20% 后缴纳个人所得税。

3) 税率

(1) 一般按 20% 税率征收。

(2) 如果在 20 000—50 000 元之间,加征 5 成,征收率=20%×(1+0.5)=30%

(3) 如果超过 50 000 元的,加征 10 成,征收率=20%×(1+1)=40%

劳务报酬所得适用的税率表

级 数	全月应纳税所得额	税率(%)	速算扣除数
1	不超过 20 000 元	20	0
2	20 000—50 000 元	30	2 000
3	超过 50 000 元	40	7 000

4) 例题

影星 A 表演取得收入 50 000 元,演员 B 表演取得收入 3 000 元,计算其应纳的个人所得税。

【解析】

(1) A 应纳税所得额 = 50 000×(1-20%) = 40 000 元 —— 适用税率30%

　　A 应纳税额 = 40 000×30% - 2 000 = 10 000 元

(2) B 应纳税所得额 = 3 000 - 800 = 2 200 元 —— 适用税率20%

　　B 应纳税额 = 2 200×20% = 440 元

2. 纳税筹划

1) 合理签订劳务合同,降低名义劳务费用个人与企业签订劳务合同时,将费用尽量让企业承担。

【筹划实务】

> **案例分析题**
>
> 易教授与某企业签订合同,给企业管理层讲课5天,讲课费50000元,往返交通费、住宿费、伙食费等由教授本人自理。(假定往返飞机票5000元、住宿费1400元、伙食费700元、其他费用2900元,共计10000元)

【解析】

(1) 企业代扣代缴易教授个人所得税 $= 50\,000 \times (1 - 20\%) \times 30\% - 2\,000$
$$= 10\,000(元)$$

易教授实际收入 $= 50\,000 - 10\,000 - 10\,000 = 30\,000(元)$

(2) 如果在合同中约定,5天收入40000元,其他如机票、住宿、伙食等由企业负担计10000元。未增加企业支出总额。

则:易教授应纳个人所得税 $= 40\,000 \times (1 - 20\%) \times 30\% - 2\,000 = 7\,600(元)$

易教授实际收入 $= 40\,000 - 32\,400 元$

【案例启示】

合同中费用的支付方一定要明确,支付方不同,结果不同。尽量让企业支付费用,相对减少个人费用的支付,降低名义收入,减少个人所得税纳税额。

2) 收入人员均衡法

由一人还是多人承担某项劳务,其税负有很大区别。

【筹划实务】

> **案例分析题**
>
> 老张设计一机械图纸,取得收入5000元。他上大学的儿子为积累经验也参与设计。

【解析】

(1) 如果按老张1人完成,需要缴纳税额:$5\,000 \times (1 - 20\%) \times 20\% = 800(元)$

(2) 如果按老张父子共同完成,需缴纳税额:$(2\,500 - 800) \times 20\% \times 2 = 680(元)$

（3）如果是 5 人合作完成,则需缴纳税额:$(1\,000 - 800) \times 20\% \times 5 = 200(元)$

（4）如果是 7 个人合作,就不用缴纳税款了(因为不够减除 800 元)。

【案例启示】

参与分配的人越多,需要缴纳的税款就越少。

3）收入次数均衡法

如果一个项目需要几个月完成,那么一次性取得的收入就不如分成多次取得收入。因为每次取得收入时都可减除一个 800 元或 20%。

【筹划实务】

案例分析题

某工程需要 10 个月完成,王工程师为其设计图纸并负责解答工程中的各类问题。施工企业一次支付王工程师 30 000 元。

【解析】

- 王工程师应纳税额 $= 30\,000 \times (1 - 20\%) \times 30\% - 2\,000 = 5\,200(元)$
- 如果按每月给付王工程师 3 000 元,则应纳税额:

$$(3\,000 - 800) \times 20\% \times 10 = 4\,400(元)$$

- 节税 $= 5\,200 - 4\,400 = 800$ 元

【案例启示】

如果一个项目需要几个月完成,那么最好不要一次性取得收入,可考虑分成多次取得该收入。

4）劳务收入与工资薪金选择的纳税筹划

劳动者与用工单位签署用工合同时,根据不同的用工关系,其所需负担的纳税也不同。

【筹划实务】

案例分析题 1

李某为一私营企业长期负责设备维修,随叫随到,但不用每天上班。老板每年给李某 25 000 元。

【解析】

方案一：按雇佣关系的工资薪金对待

则李某每月应纳税所得额＝（25 000/12－3 500）＝－14 166.67（元）

■ 李某每月平均收入低于起征点，不用缴纳个人所得税。

方案二：按劳务报酬形式对待

则李某每月缴纳个人所得税＝（25 000/12－800）×20％＝256（元）

全年缴纳＝256×12＝3 072（元）

案例分析题 2

纳税人刘先生系一高级软件开发工程师，2008 年 5 月获得某公司的工资类收入 53 500 元。

【解析】

● 如果刘先生和该公司存在稳定的雇佣与被雇佣关系，那么应按其工资、薪金所得缴税，则：应纳所得税（53 500－3 500）×30％－2 755＝12 245（元）

● 如果刘先生和该公司不存在稳定的雇佣与被雇佣关系，则应按劳务报酬所得缴税，则：应纳所得税：53 500×（1－20％）×30％－2 000＝10 840（元）

■ 结论：如果刘先生与该公司不存在稳定的雇佣关系，则可以节税：12 245－10 840＝1 405（元）

5）订立劳动合同巧安排

（1）合同中最好将费用开支的责任归于企业一方，减少个人名义收入。

（2）如有可能，将一次劳务活动分成几次去做，使得每次的应纳税额相对减少。

（3）一定要在合同上用条款说明税由谁支付，税款支付方不同，最终得到的实际收益也不一样。

三、稿酬的纳税筹划

1. 稿酬所得的法律界定

1）征税对象

稿酬所得是指个人因其作品以图书、报刊形式出版、发表而取得的所得。

【注】这里所说的作品包括文学作品、书画作品、摄影作品以及其他作品。稿酬所得是高智力精神产品，具有普遍性，报酬相对偏低，因此相比劳务报酬应给与适当的优惠

照顾。

2）稿酬与劳务报酬、特许使用权费的区别

个人通过为他人作品提供翻译、审稿而取得的所得属于劳务报酬。而个人通过有偿转让著作权的使用权取得的所得，以及作者通过将自己文学作品的手稿原件或复印件公开拍卖取得的所得属于特许权使用费所得。

（1）作者去世后，财产继承人取得遗作稿酬，应征个人所得税。

（2）任职、受雇于报刊、杂志等单位的记者、编辑等专业人员，在本单位报刊、杂志上发表的作品应视为"工资薪金"合并计算征收个人所得税。

（3）出版社专业作者撰写、编写、翻译的作品，按稿酬计算个人所得税。

3）计税依据的规定

稿酬所得是按个人每次取得的收入定额或定率减除规定费用后的余额为应纳税所得额。

（1）每次收入不超过 4 000 元，定额减除费用 800 元后缴纳个人所得税。

（2）每次收入超过 4 000 元的，定率减除 20％后缴纳个人所得税。

4）税率规定

稿酬适用税率 20％，并按规定减征 30％，实际税率 14％。

$$应纳税额 = 应纳税所得额 \times 20\% \times (1 - 30\%) = 应纳税所得额 \times 14\%$$

2．纳税筹划

1）系列丛书筹划法

如果将一本《税收筹划》分成理论知识与案例分析两本书，那么该作者就可按两本书分别扣除相关费用后纳税。这样做的目的是：（1）减轻税负。（2）降低书的价格。（3）解决捆绑销售之嫌。

【注意事项】

（1）该著作可以被分解成一套系列著作，不影响发行量。

（2）该种发行方式要想充分发挥作用，最好与后面的著作组筹划法结合。

（3）该种发行方式应保证每本书的人均稿酬小于 4 000 元，因为这种筹划法利用的是抵扣费用的临界点，即在稿酬所得小于 4 000 元时，实际抵扣标准大于 20％。

【筹划实务】

某税务专家经过一段时间的辛苦工作，准备出版一本关于纳税筹划的著作，预计稿酬所得 12 000 元。试问，该税务专家应该如何进行筹划？

【解析】

（1）如果该纳税人以一本书的形式出版该著作：

则应纳税额 $= 12\,000 \times (1-20\%) \times 20\% \times (1-30\%) = 1\,344(元)$

（2）如果在可能的情况下，该纳税人以 4 本为一套系列丛书出版，则纳税情况：

每本稿酬 $= 12\,000 \div 4 = 3\,000(元)$

每本应纳税额 $= (3\,000 - 800) \times 20\% \times (1-30\%) = 308(元)$

总共应纳税额 $= 308 \times 4 = 1\,232(元)$

■ 结论：采用系列丛书法可以节税 $1\,344 - 1\,232 = 112(元)$，该税务专家可考虑选择此种筹划法。

2）著作组筹划法（集体创作法）

前提：稿酬所得预计数额较大，考虑多个人合作创作。

集体创作遵循"先分、再扣、后税"的原则，作品的稿酬由多人参与分配，减除规定费用后，应纳的税额就减轻了。

好处：① 专业上集思广益；② 创作进程快；③ 创造更多的合作机会。

【注意事项】

（1）由于成立著作组，各人的收入可能会比单独创作时少，虽然少缴了税款，但对于个人来说最终收益减少了。

（2）该种筹划方法一般用在著作任务较多的情况。

（3）成立长期合作的著作组。长此以往，节税数额也会积少成多。

【筹划实务】

案例分析题

某财政专家准备写一本财政学教材，出版社初步同意该书出版之后支付稿费 $24\,000$ 元。

【解析】

（1）如果该财政专家单独著作，则纳税情况：

应纳税额 $= 24\,000 \times (1-20\%) \times 20\% \times (1-30\%) = 2\,688(元)$

（2）如果财政专家采取著作组筹划法，并假定该著作组共10人，则纳税情况：

应纳税额 $= (2\,400 - 800) \times 20\% \times (1 - 30\%) \times 10 = 2\,240$（元）

■ 结论：可以节税 $2\,688 - 2\,240 = 448$（元）

3）再版筹划法

将作品分次印刷或由两个以上报刊、出版社发表，每次都可减除相关费用，减轻税负。但缺点是，加大了出版费用，所以此法前提必须是畅销程度很高的书才可以。因此，这种纳税筹划的方法具有局限性。

4）费用转移法（增加前期写作费用筹划法）

由于税率是固定的，要想减轻税负，只有从应纳税所得额切入，即将创作过程中的实际费用转移给报刊社、出版社来负担，通过此法作者的收入会相应减少，进而达到减轻税负的目的。

（1）作品创作前期实地考察、搜集素材、申报课题的费用。

（2）作品创作过程中发生的交通费、实验费、住宿费、误餐补助费、资料印刷费、设备工具费等。

（3）作品创作基本成熟时支付给他人的整理费、审稿费、校正费、翻印费等劳务报酬开支。

【筹划实务】

案例分析题

某专家要出版一部专业书籍，在创作前期到许多企业进行考查、调研，支付差旅费、住宿费、实地考察费等共计43 000元。初稿完成后又请助手校正、排版，支付其费用2 000元。那么他与出版社有两个方案可以选择：

方案一：由出版社承担前期和后期的费用，另支付其稿酬140 000元。

方案二：由自己承担费用，出版社支付其稿酬185 000元。

【解析】

方案一：由出版社承担前期和后期的费用，另支付其稿酬140 000元。

应纳税额 $= 140\,000 \times (1 - 20\%) \times 14\% = 15\,680$（元）

方案二：自己承担费用，出版社支付其稿酬185 000元。

应纳税额 $= 185\,000 \times (1 - 20\%) \times 14\% = 20\,720$（元）

■ 结论：采用费用转移的方法，方案一相较方案二能少纳税：$20\,720 - 15\,680 = 5\,040$（元）

四、其他所得的纳税筹划

1. 利息、股息、红利所得

利息是指个人拥有债权而取得的利润,包括存款利息、贷款利息和各种债券利息。(国债、金融债券免税,其他均应依法缴纳个人所得税)

股息、红利是指个人拥有股权取得的利息、红利。个人投资者从上市公司取得的股息、红利所得,自 2005 年 6 月 13 日起暂减按 50% 计入个人应纳税所得额,依照现行税法规定计征个人所得税。

【注 1】个人转让股票取得的收入,免征个人所得税。

【注 2】除个人独资企业、合伙企业等个人投资者,以企业资金为本人、家庭成员支付的与生产经营无关的消费性支出及购买汽车、房产等财产性支出、借款未还等均视为股息、红利,按规定缴纳个人所得税,且上述支出不得在所得税前扣除。

计算公式:应纳税额 = 应纳税所得额 × 适用税率 = 每次收入额 × 20%(或 5%)

可以从免税方面着手纳税筹划:

(1) 购买国债的利息免税。

(2) 购买金融债券的利息免税。

(3) 教育储蓄存款利息免税。

(4) 2008 年 10 月 9 日起个人存款利息免税(03 年 9 月 1 日—07 年 8 月 15 日为 20%,8 月 15 日后改为 5%)。

(5) 基本养老保险、医疗保险、住房公积金免税。

(6) 保险赔款免税。

由此可见,单位多给缴纳的"三险一金"是纳税筹划的重要途径;个人理财中买保险也是一种筹划措施。即身故保险金不用缴纳遗产税。

2. 财产租赁所得

财产租赁所得是指个人出租建筑物、土地使用权、机器设备、车船以及其他财产取得的所得。

计税规定:

(1) 以一个月内取得的收入为一次。

(2) 每次收入不超过 4 000 元,定额减除费用 800 元。

(3) 每次收入在 4 000 元以上,定率减除 20% 的费用。

(4) 房屋、建筑物修缮费用以每次 800 元为扣除上限,同时考虑减除缴纳的营业税、城建税、教育费附加。

税率:20%

【筹划实务】

> **案例分析题1**
>
> 王明出租闲置房屋,每月租金5000元,出租前进行了简单的装修,花费5000元。

【解析】

(1) 纳税计算

营业税 $= 5\,000 \times 5\% = 250$(元)

城建税及教育费附加 $= 250 \times (7\% + 3\%) = 25$(元)

每月应纳税额 $= (5\,000 - 250 - 25) \times (1 - 20\%) \times 20\% = 756$(元)

全年应纳税额 $= 756 \times 12 = 9\,072$(元)

(2) 纳税筹划计算

即:将5000元装修费进行扣减

前6个月应纳税额 $= (5\,000 - 250 - 25 - 800) \times (1 - 20\%) \times 20\% \times 6$
$= 3\,768$(元)

7月份应纳税额 $= (5\,000 - 250 - 25 - 200) \times (1 - 20\%) \times 20\%$
$= 724$(元)

后5个月应纳税额 $= (5\,000 - 250 - 25) \times (1 - 20\%) \times 20\% \times 5$
$= 3\,780$(元)

全年应纳税额 $= 3\,768 + 724 + + 3\,780 = 8\,272$(元)

【结论】第二种方法相较第一种方法少纳税800元。

【筹划实务】

> **案例分析题2**
>
> 上例,如果是月租金2000元,则扣除定额800元。

【解析】

(1) 不考虑装修费

营业税 $= 2\,000 \times 5\% = 100$(元)

城建税及教育费附加 $= 100 \times (7\% + 3\%) = 10$(元)

每月应纳税额 $= (2\,000 - 100 - 10 - 800) \times 20\% = 218(元)$

全年应纳税额 $= 218 \times 12 = 2\,616(元)$

（2）考虑装修费

前 6 个月应纳税额 $= (2\,000 - 100 - 10 - 800 - 800) \times 20\% \times 6 = 348(元)$

7 月份应纳税额 $= (2\,000 - 100 - 10 - 800 - 200) \times 20\% = 178(元)$

后 5 个月应纳税额 $= (2\,000 - 100 - 10 - 800) \times 20\% \times 5 = 1\,090(元)$

全年应纳税额 $= 348 + 178 + 1\,090 = 1\,616(元)$

【结论】考虑装修费后比原来少缴纳 1 000 元税款。

3. 个人转让财产所得

1）转让住房

应纳税额 $=$（财产转让收入 $-$ 财产原值 $-$ 合理税费）$\times 20\%$

合理税费包括营业税、城建税、教育费附加、土地增值税、印花税、装修费、银行贷款利息等。

2）转让无形资产

每次收入不超过 4 000 元,定额减除费用 800 元。

每次收入在 4 000 元以上,定率减除 20% 的费用。

税率：20%

可扣除的相关税费有：营业税、城建税、教育费附加等。

3）纳税筹划的主要方式

转让还是投资,转让无风险,可拿到现金,但需缴纳个人所得税。

投资有风险,且未来利益无法预测,作为股票转让不缴纳个人所得税。

4. 偶然所得

税率：20%

【注】取得偶然所得进行捐赠的,其捐赠可扣除比例为 30%。

【筹划实务】

案例分析题

王某在参加商场有奖销售的过程中,中奖所得共计价值 30 000 元。王某领奖时告知商场,从中奖收入中拿出 6 000 元通过教育部门向某贫困地区捐赠。请按照规定计算商场代扣代缴个人所得税后,王某实际可得中奖金额？

【解析】

王某的捐赠额,可以全部从应纳税所得额中扣除；

$(6\,000 \div 30\,000 = 20\%,小于可扣除比例30\%)$

● 应纳税所得额 $= 30\,000 - 6\,000 = 24\,000(元)$

● 应纳税额(由商场代扣税款) $= 24\,000 \times 20\% = 4\,800(元)$

● 王某实际可得金额 $= 30\,000 - 6\,000 - 4\,800 = 19\,200(元)$

五、个体工商户个人所得税的纳税筹划

1. 加大费用开支

1) 将收入转换成费用——电话费、水电费等以费用形式在税前列支。

2) 用产权房进行经营的,以租金形式扩大费用支出,同时将房产维修费用计入经营费用中。

3) 给家庭成员支付工资,扩大工资费用。

2. 分散、推迟收益实现

1) 合理使用原材料的计价方法,即在物价下降时,采用先进先出法。

2) 在预见的若干年份内合理平均分摊费用,在利润多的年份搞技术改造,削平利润高点。

3) 合理安排预缴税款(按前一年利润额预缴,因此以前年份利润低,就可递延纳税)。

4) 采用捐赠手段在降低纳税额的同时,可以取得很好的社会效益。

【注】个人独资企业不允许将工资列入税前扣除,只允许扣除 $3\,500 \times 12$。

【筹划实务】

案例分析题

张先生承包一企业,承包时间为 2001 年 3 月 1 日至 2003 年 3 月 1 日。2001 年 3 月 1 日至 2001 年 12 月 31 日,企业固定资产折旧 5 000 元,上交租赁费 50 000(元)(已包含固定资产的租赁费用),实现会计利润 53 000 元(已扣除租赁费),张先生未领取工资。已知该省规定的业主费用扣除标准为每月 800 元。

方案一:将原企业的工商登记改变为个体工商户。

方案二:仍使用原企业的营业执照。

【解析】

方案一:将原企业的工商登记改变为个体工商户将承包企业改变为工商户。

则应缴纳个人所得税:

本年度应纳税所得额 $= 53\,000 - 800 \times 10 = 45\,000$(元)

换算成全年的所得额 $= 45\,000/10 \times 12 = 54\,000$(元)

按全年所得计算的应纳税额 $= 54\,000 \times 20\% - 3\,750 = 7\,050$(元)

实际应纳税额 $= 7\,050/12 \times 10 = 5\,875$(元)

税后利润 $= 53\,000 - 5\,875 = 47\,125$(元)

方案二：仍使用原企业的营业执照。

则按规定在缴纳企业所得税后,还要就其税后所得再按承包、承租经营所得缴纳个人所得税。按规定固定资产可以提取折旧,但租赁费不得在税前扣除。

应纳税所得额 $= 53\,000 + 50\,000 - 5\,000 = 98\,000$(元)

应纳企业所得税 $= 98\,000 \times 25\% = 24\,500$(元)

张先生取得承包收入 $= 53\,000 - 5\,000 - 24\,500 = 23\,500$(元)

应纳个人所得税 $= (23\,500 - 800 \times 10) \times 10\% - 750 = 800$(元)

实际税后利润 $= 23\,500 - 800 = 22\,700$(元)

■ 结论：两方案相比较而言,将承包企业改变为个体工商户可多实现利润：$47\,125 - 22\,700 = 24\,425$(元)

第4节　个人所得税优惠政策的筹划

一、优惠政策的有关规定

1. 免纳个人所得税的项目

(1) 省级人民政府、国务院部委和中国人民解放军军以上单位以及外国组织、国际组织颁发的科学、教育、技术、文化、卫生、体育、环境保护等方面的奖金；

(2) 国债和国家发行的金融债券利息；

(3) 按照国家统一规定发给的补贴、津贴；

(4) 福利费、抚恤金、救济金；

(5) 保险赔款；

(6) 军人的转业费、复员费；

(7) 按国家统一规定发给干部、职工的安家费、退休工资、离休工资、离休生活补助费；

(8) 规定应予免税的各国公使和其他人员的所得；

（9）中国政府参加的国际公约以及签订的协议中规定免税的所得；

（10）见义勇为奖金免征个人所得税；

（11）住房公积金、医疗保险金、基本养老保险金，免征个人所得税；

（12）对个人取得的各类专项基金存款的利息所得，免征个人所得税；

（13）经国务院财政部门批准免税的所得。

2. 经批准可以减征个人所得税的情况

（1）残疾、孤老人员和烈属的所得；

（2）因严重自然灾害造成重大损失的；

（3）其他经国务院财政部门批准减税的。

3. 暂免征收个人所得税的所得

（1）外籍个人以非现金或实报实销取得的住房、伙食补贴、搬迁费、洗衣费；

（2）外籍个人按合理标准取得的境内、外出差补贴；

（3）外籍个人取得的探亲费、语言训练费、子女教育费等经当地税务机关审核批准为合理的部分；

（4）个人举报、协查各种违法、犯罪行为而获得的奖金；

（5）个人办理代扣代缴税款手续，按规定取得的扣缴手续费；

（6）个人转让自用达 5 年以上并且是唯一的家庭居住用房取得的所得；

（7）对按规定的达到离休、退休年龄，但确因工作需要，适当延长离休退休年龄的高级专家，其在延长离休退休期间的工资、薪金所得，视同退休工资、离休工资免征个人所得税；

（8）外籍个人从外商投资企业取得的股息、红利所得；

（9）凡符合下列条件之一的外籍专家取得的工资、薪金所得可免征个人所得税：

① 根据世界银行专项贷款协议由世界银行直接派往我国工作的外国专家；

② 联合国组织直接派往我国工作的专家；

③ 为联合国援助项目来华工作的专家；

④ 援助国派往我国专为该国无偿援助项目工作的专家；

⑤ 根据两国政府签订文化交流项目来华工作两年以内的文教专家，其工资、薪金所得由该国负担的；

⑥ 根据我国大专院校国际交流项目来华工作两年以内的文教专家，其工资、薪金所得由该国负担的；

⑦ 通过民间科研协定来华工作的专家，其工资、薪金所得由该国政府机构负担的。

4. 对在中国境内无住所，但在境内居住 1 年以上、不到 5 年的纳税人的减免税优惠

《个人所得税法实施条例》规定："在中国境内无住所，但是居住 1 年以上 5 年以下的

个人,其来源于中国境外的所得,经主管税务机关批准,可以只就由中国境内公司、企业以及其他经济组织或者个人支付的部分缴纳个人所得税;居住超过 5 年的个人,从第 6 年起,应当就其来源于中国境外的全部所得缴纳个人所得税。"

5. 对在中国境内无住所,且在一个纳税年度中在中国境内居住不超过 90 日的纳税人的减免税优惠

《个人所得税法实施条例》规定:"在中国境内无住所,但是在一个纳税年度中在中国境内连续或者累计居住不超过 90 日的个人,其来源于中国境内的所得,由境外雇主支付并且不由该雇主在中国境内的机构、场所负担的部分,免予缴纳个人所得税。"

二、扣除境外已纳税额

对纳税人的境外所得征税时,采取扣除的做法:

居民纳税人的境外所得,在向我国政府纳税时,准予扣除已在境外缴纳的个人所得税税额,但扣除的最高额不得超过该纳税人境外所得按我国税法规定计算的应纳税额。

纳税人在中国境外一个国家或者地区实际已经缴纳的个人所得税税额,低于该国家或者地区扣除限额的,应当在中国缴纳差额部分的税额。

超过该国家或者地区扣除限额的,其超过部分不得在本纳税年度的应纳税额中扣除,但是,可以在以后纳税年度的该国家或者地区扣除限额的余额中补扣,补扣期限最长不得超过五年。

【筹划实务】

案例分析题

居民纳税人张先生,2008 年从甲国取得两项应税收入。其中,在甲国因任职取得工资、薪金收入 8 778 美元(折合人民币 60 000 元,平均每月 5 000 元),已纳所得税折合人民币 700 元。因向某公司投资,取得该国股息所得 3 599 美元(折合人民币 24 600 元,已纳所得税折合人民币 5 740 元)。

【解析】

其抵扣方法计算如下:

(1) 工资、薪金所得:全年应纳税额 $= [(5\,000 - 4\,800) \times 3\%] \times 12 = 72$(元)

(2) 股息所得:应纳税额 $= 24\,600 \times 20\% = 4\,920$(元)

因此,其抵扣限额为:$72 + 4\,920 = 4\,992$(元)

【结论】 由于张先生在该国实际已纳税款 6 440 元,超过了抵扣限额,因此不再补税,

但超过限额的部分 6 440－4 992＝1 448(元)，可以在今后五年的期限内，从甲国扣除限额的余额中补扣。

【拓展资源】

美国的个人所得税

税收是美国政府赖以生存的财政基础，而个人所得税则是美国政府财政的重要来源。因此，上到美国总统，下到平民百姓，纳税成为每个人的义务和职责。美国的个人所得税制度是国际社会公认比较完善的税制。

美国是根据个人收入情况逐步提高税率，从而以此来减少低收入者的负担和控制高收入者的收入过快增长。最基本的原则是多收入多交税，收入低的先交税，后退税。

一、严格的计税方法

美国个人所得税的计算步骤如下：

(1) 全部所得—免税项目＝毛所得

(2) 毛所得—调整项目＝调整后的毛所得

(3) 调整后的毛所得—分项扣除额(或标准扣除额)—个人宽免额＝应纳税所得额

(4) 应纳税所得额×税率＝初算税负

(5) 初算税负—税收抵免款项＝所得税税负

以下从税基，扣除、宽免、抵减范围和税率及结构三个角度对上述公式作解释。

1. 美国个人所得税税基

美国个人所得税的税基非常宽，除了税法中明确规定的免税项目外，其余来源于各种渠道的收入均应计入个人所得，缴纳个人所得税。免税的收入如：州或地方政府的公债利息，各种赠礼、遗产，对因各种原因造成的人身伤残、疾病损害的赔偿费、保险费等等。

2. 扣除、宽免、抵减的范围

美国在确定应税所得时规定了许多详细的所得扣除项目，主要包括"商业扣除"和"个人扣除"。前者即商业经营支出扣除，是为了取得所得而发生的必要的费用支出，后者即纳税人特殊的生活费用的支出。如果各项扣除分别列出，即"分项扣除"，也可以不列明细只选择一个固定的数作为标准，即"标准扣除"。

一般来说"分项扣除"适用于高收入纳税人，而中低收入者选择"标准扣除"比较有利。"个人宽免额"是免除对纳税人满足最低生活水平的那部分生计费或生存费的税收。最后一个公式中的"税收抵免款"项包括纳税人的子女或抚养人的抵免，65 岁以上老年人或按退休规定退休人员及伤残人员抵免等等。

3. 税率及结构

美国个人所得税实行统一的超额累进税率，体现了合理、公平的负税原则。经过几次税制改革,至 1995 年,税率分为三个基本税率档次,即 15%、28%、31% 和两个高税率档次 36%、39%。2000 年布什上台后,又进行了税率调整,从 2001 年 7 月 1 日起,除 15% 这一档税率保持不变外,其他税率档次下调 1 个百分点,到 2006 年,最高税率下降到 35%,其他税率也比减税前降低 3 个百分点。

二、综合所得税制的课税模式

其基本内容是:

(1) 所有形式的收入都必须归入税基。这里的收入或可以进入个人消费,或可以构成个人财富积累的增加。

(2) 所有来源的收入都必须归入税基。包括劳动收入、土地出租收入、资本红利收入以及接受遗产等等。

(3) 综合所得税基本身允许做一定的扣除,以实现公平原则。

三、税收的指数化调整

税收指数化是指经过立法通过的一个公式,使税制中一些项目随物价变化进行指数化调整,以实现自动消除通货膨胀对实际应纳税额的影响。通过税收指数化调整,能够达到纳税精细化,税负公平化的目标。

1. 历史

个人所得税是以个人所得为征税对象,并由获取所得的个人交纳的一种税。目前个人所得税是世界上大多数国家普遍征收的一个税种,是国家财政收入的重要来源,并且具有缩小贫富差距,实现社会公平的社会功能。

为了筹措南北战争期间的战争费用,美国于 1862 年开征了个人所得税,至 1866 年个人所得税已占联邦政府全部财政收入的 25%。1913 年,美国国会通过了个人所得税法,经过了近一个世纪的迅速发展,个人所得税已经从一个次要税种一跃成为联邦财政收入的主要来源。2000 年 OECD(经济合作发展组织)的资料显示,发达国家个人所得税占国家税收收入总额的平均比重达到 29%,若把社会保险税考虑进来,比重则高达 51%。

2. 特点

美国收入方面的规定也相当复杂。以夫妇两个人没有应抚养孩子的家庭为例,目前具体情况简述如下:

一是美国缴纳个人所得税不仅根据个人的收入,而且还十分重视家庭其他成员尤其儿童的数量情况。同样收入的两对夫妇,有儿童和没有儿童所缴纳的税收相差很大。而中国只根据个人收入而不考虑家庭儿童情况一律依照同一税率的纳税则明显存在很大的缺陷。

二是高收入者是美国个人所得税纳税的主体。据统计,年收入在 10 万美元以上的群体所缴纳的税款占每年全部个人税收总额的 60% 以上,是美国税收最重要的来源。也就是说,美国政府每年巨大的财政来源主要是由占人口少数的富人缴纳的,而不是占纳税总人数绝大部分的普通工薪阶层。

美国人纳税采取的个人报税制度。每年 4 月 15 日是申报上一年收入和纳税情况的最后截止日期。在此之前,可以领取表格根据自己的实际收入情况向政府报税,也可以通过电脑网络向政府报税。

3. 延伸阅读

美国每年的 1 月 1 日至 4 月 15 日是报税季节。每个纳税人填报的纳税申报表类别都不尽相同,目前有已婚合并申报、已婚分别申报、未婚单身及户主 4 种类别申报表。税率均为 10%—35% 的 6 级累进税率。每个纳税人都有一个唯一的社会保险号码,纳税人的各项收入信息汇集在它的下面,能有效对纳税人进行监控。一旦被查实恶意欠缴或不缴税款,其最直接的后果便是入狱。纳税人在社会生活的方方面面如申请各类贷款、补助、福利或进行投资时,也都需要纳税证明。

20 世纪 90 年代以来,美国等西方发达国家的税制结构发生了明显变化,所得税的比重呈下降趋势,流转税的比重则有一定程度的上升。从 80 年代到 1994 年,发达国家的个人所得税下降了两个百分点,一般消费税的比重则上升了两个百分点。

第5章　企业重组中的税收筹划

第1节　产权重组与税收筹划的一般原理

一、企业重组的概念与类型

企业重组是指对企业的资金、资产、劳动力、技术、管理等要素进行重新配置,构建新的生产经营模式,使企业在变化中保持竞争优势的过程。企业重组的类型分为:

● 收缩型重组:是指减少企业所有权的重组,如企业分立、资产出售、资产与负债剥离等。

● 扩张型重组:是指扩大企业所有权的重组,如企业的合并、购买资产、收购股份、合资或联营组建子企业等。

● 内变型重组:是指所有权总量不变,仅改变企业所有权结构。

二、企业产权重组中税收筹划的原理分析

产权重组中对流转税、所得税的税收筹划,应考虑企业边界的影响和约束。产权和投资形成复杂的关联关系,关联价格的调整影响税收。

三、产权重组中的税收筹划:国内外操作现状比较

国外:绝大多数的公司所得税法允许企业弥补亏损,并且对未被弥补的亏损,通常允许向以后年度结转,有少数国家还允许向以前年度结转。——利用亏损做文章,制定筹划策略。

国内:国内的产权重组,实际上税收筹划并非产权重组的首要目的,目标是国企改制、上市炒作、提高业绩等。——重组方向是提高企业的利润率或盈利水平。

四、企业重组的形式

(1) 企业法律形式改变:指企业注册名称、住所以及企业组织形式等的简单改变。

（2）企业分立：包括派生分立、新设分立。

（3）企业合并：包括吸收合并、新设合并。

（4）股权转让：指企业的股东将其拥有的股权或股份，部分或全部转让给他人。

（5）资产转让、置换：资产转让是指企业有偿转让本企业的部分或全部资产；资产置换是指一家企业以其经营活动的全部或部分资产与另一家企业经营活动的全部或部分资产进行整体交换，资产置换双方都不解散。

（6）企业破产（清算）：指企业因经营管理不善造成严重亏损，不能清偿到期债务而宣告破产的法律行为。

第 2 节　企业法律形式改变中的税收筹划

| 合伙制企业： | 企业所得税：25% |
| 合伙人（自然人）应缴纳个人所得税，适用 5%—35% 的五级超额累进税率 | （小型微利企业 20%） |

级次	年度应纳税所得额（Y，元）	合伙制企业（个人所得税）			公司制企业（企业所得税）	
		边际税率（t_1，%）	速算扣除数（元）	临界点税负率（%）	边际税率（t_2，%）	临界点税负率（%）
1	0＜Y≤5 000	5	0	5	20	20
2	5 000＜Y≤10 000	10	250	7.5	20	20
3	10 000＜Y≤30 000	20	1 250	15.8	20	20
4	30 000＜Y≤50 000	30	4 250	21.5	20	20
5	500 000＜Y≤300 000	35	6 750	32.75	20	20
6	300 000＜Y	35	6 750	35	25	25

第 3 节　企业分立过程中的税收筹划

分立中的筹划技巧：将特定产品的生产部门分立为独立的企业，降低流转税的税负；在企业所得税采用累进税率的情况下，通过分立，使原来适用高税率的一个企业，分化成两个或两个以上适用低税率的企业，使其总体税负得以减轻；在混合销售行为中，通过分立，实现税收筹划。

一、企业分立中的所得税筹划

一般性税务处理规定：

被分立企业：
① 对分立出去资产,应按公允价值确认资产转让所得或损失；
② 企业继续存在时,其股东取得的对价应视同被分立企业分配进行处理；
③ 企业不再继续存在时,被分立企业及其股东都应按清算进行所得税处理。

分立企业：
应按公允价值,确认接受资产的计税基础。

相关企业的亏损不得相互结转弥补

同时符合下列条件的,适用特殊性税务处理规定：
A. 具有合理的商业目的,且不以减少、免除或者推迟缴纳税款为主要目的；
B. 被收购、合并或分立部分的资产或股权比例,符合相关规定的比例；
C. 企业重组后的连续 12 个月内,不改变重组资产原来的实质性经营活动；
D. 重组交易对价中涉及股权支付金额,符合相关规定比例。
E. 企业重组中取得股权支付的原主要股东,在重组后连续 12 个月内,不得转让所取得的股权。

○ 被分立企业所有股东,按原持股比例取得分立企业的股权,分立企业和被分立企业均不改变原来的实质经营活动,且被分立企业股东在该企业分立发生时取得的股权支付金额不低于其交易支付总额的 85%,可以选择按以下规定处理：
○ A. 分立企业接受被分立企业资产和负债的计税基础,以被分立企业的原有计税基础确定。
○ B. 被分立企业已分立出去资产相应的所得税事项,由分立企业承继。
○ C. 被分立企业未超过法定弥补期限的亏损额,可按分立资产占全部资产的比例进行分配,由分立企业继续弥补。
○ D. 在企业存续分立中,分立后的存续企业性质及适用税收优惠的条件未发生改变的,可以继续享受分立前该企业剩余期限的税收优惠。

【筹划实务】

案例分析题

A 企业是一家小型制药企业,除生产常规药品外,还从事免税避孕药品等项目的生产经营。该企业某年共实现销售额 200 万元(不含税),企业购进生产用料的进项增值税税额为 15 万元；全年应纳税所得额为 40.8 万元,适用 25% 的企业所得税税率。经过内部大概核算,其中免增值税项目的销售额为 110 万元,应纳税所得额约为 23.5 万元。另外,由于未能准确划分应税和免税项目的进项税额、销项税额,因此本来应免税的项目一并缴纳了增值税。

【解析】

筹划思路：可以将生产免税产品的部门分立出来，成为一个独立企业。

分立前：

$$应纳增值税税额 = 200 \times 17\% - 15 = 19(万元)$$

$$应纳所得税 = 40.8 \times 25\% = 10.2(万元)$$

$$应纳增值税和所得税合计 = 19 + 10.2 = 29.2(万元)$$

分立后：

$$应纳增值税税额 = 90 \times 3\% = 2.7(万元)$$

$$应纳所得税 = (40.8 - 23.5) \times 20\% = 3.46(万元)$$

$$应纳增值税和企业所得税合计 = 2.7 + 3.46 = 6.16(万元)$$

■ 节税 23.04 万元。

二、企业分立中的增值税筹划

筹划思路：在增值税免税项目的基础上进行企业分立。

例如：

A 企业为增值税一般纳税人，除经营增值税应税项目的产品外，还兼营免税项目的产品。其两类产品的购销情况见下表。

A 企业购销情况表　　　　　　　　单位：万元

类　　别	销售收入	占全部产品比例（％）	进项税额
免税产品 K	20	20	—
非免税品 M	80	80	—
合　　计	100	100	8

$$
\begin{aligned}
不得抵扣的进项税额 &= \left[当月全部进项税额 - 当月可准确划分用于应税项目、免税项目及非应税项目的进项税额 \right] \\
&\quad \times \frac{当月免税项目销售额、非应税项目营业额合计}{当月全部销售额、营业额合计} \\
&\quad + 当月可准确划分用于免税项目和非应税项目的进项税额
\end{aligned}
$$

【筹划实务】

案例分析题

某食品厂为增值税一般纳税人，适用 17％ 的增值税税率。根据市场需求，该食品厂自行种植猕猴桃,并将猕猴桃加工成果脯、饮料等对外销售。2010年5月该食品厂共销售猕猴桃加工品100万元(不含税),产生17万元的销项增值税。但企业经核算,发现与该项业务有关的进项增值税数量很少,只有化肥等项目产生了1万元的进项增值税。这样,该食品厂需要就该项业务缴纳16万元的增值税。为了降低增值税负担,该企业在购进可抵扣项目时,非常注重取得合格的增值税专用发票,但收效不大。

【解析】

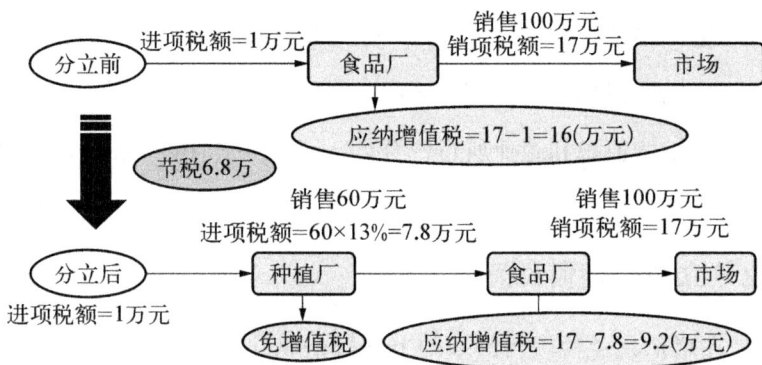

【案例启示】

（1）这一税收筹划方案的效果,主要取决于两个因素：① 新增加的进项增值税的数额,即根据13%的扣除率计算的进项增值税。这一数额越大,这项税收筹划方案的效果就越好。实际上这一数额直接取决于种植企业和加工企业之间的交易价格。交易价格越高,可抵扣的进项税额就越多。② 原有的进项增值税的数额。这一数额会直接增加这项税收筹划方案的机会成本。

（2）企业分立实现增值税筹划的规律总结：通过企业分立实现增值税筹划,适用于分立后的企业能够增加进项增值税,而分立前企业不能享受的情况。适用于两种情况：① 向农业生产者或者向小规模纳税人购买农业产品,享受13%的进项增值税。② 企业内部设置的运输部门,可以分立成独立的运输企业。

【筹划实务】

案例分析题

企业A对外销售一批商品,原售价117万元(含增值税)。由本企业的运输部门承担送货,不再向购买方收取运费。

【解析】

为了增加进项增值税,该企业可将运输部门分立,成为独立的 B 企业。将运输部门 B 分立后,对外销售价格不变;但由于运输企业 B 已经独立,A 企业需要向 B 企业支付有关运费,比如 20 万元。

● 按照前述规定,A 企业取得了合格的运费发票,可以扣除有关的增值税进项税:

$$200\,000 \times 7\% = 14\,000(元)$$

● 但是,B 企业应按照营业收入和 3% 的税率计算缴纳营业税:

$$200\,000 \times 3\% = 6\,000(元)$$

■ 结论:企业减少了 14 000 元的增值税,但增加了 6 000 元的营业税,总收益会增加 8 000 元。

三、混合销售行为中的分立筹划

筹划思路:

(1) 如果大量客户是最终消费者,不要求取得增值税专用发票,就应采用相应税收筹划措施:

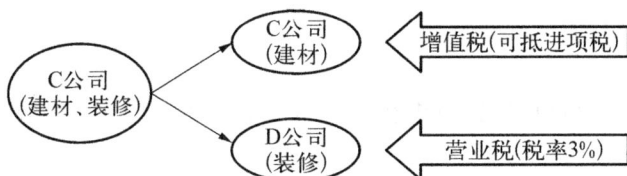

(2) 如果材料费与人工费的比例大体相当,通过税收筹划,将约 50% 的业务收入,由原来的适用增值税 17% 的税率降为适用营业税中建筑业税目 3% 的税率,其税负降低是非常明显的。

【筹划实务】

案例分析题

某空调生产企业 A 公司,主要生产销售空调,并负责安装、保养及维修。2009 年取得含税销售收入 3 510 万元,其中安装费约占总收入的 20%,保养费、维修费约占总收入的 15%。全年共取得允许抵扣的进项增值税额 180 万元(其中 80% 属于空调生产环节产生的进项增值税)。

【解析】

A 公司的业务属于混合销售行为,应就全部收入纳增值税额:应纳增值税税额＝销项税额－进项税额＝3 510÷(1＋17%)×17%－180＝330 万元

【筹划思路】

将安装、保养、维修,分立为独立的 B 公司

A 公司:

增值税应税收入＝3 510×(1－20%－15%)＝2 281.5(万元)

销项税额＝2 281.5÷(1＋17%)×17%＝331.5(万元)

进项税额＝180×80%＝144(万元)

应纳增值税＝331.5－144＝187.5(万元)

节税 81.075 万元

B 公司:

营业税应税销售收入＝3 510×(20%＋15%)＝1 228.5(万元)

应纳营业税＝1 228.5×5%＝61.425(万元)

A、B 总税负 248.925 万元

【案例启示】

一般适用于电梯、机电设备、发电机组等大型设备生产企业,可以分设独立核算的安装公司或运输公司。

第 4 节　企业并购中的税收筹划

一、企业重组的概念及类型

企业重组是指企业在日常经营活动以外发生的法律结构或经济结构重大改变的交易。类型主要包括:企业法律形式改变、债务重组、股权收购、资产收购、合并、分立。

吸收合并是指两个以上的企业合并时,其中一个企业吸收了其他企业而存续(以下简称"存续企业"),被吸收的企业解散。例如:A 公司系股东 X 公司投资设立的有限责任公司,现将全部资产和负债转让给 B 公司,B 公司支付 A 公司股东 X 公司银行存款 500 万元作为对价,A 公司解散。在该吸收合并中,A 公司为被合并企业,B 公司为合并企业,且

为存续企业。

新设合并是指两个以上企业并为一个新企业,合并各方解散。例如:现有 A 公司和 B 公司均为 X 公司控股下的子公司,现 A 公司和 B 公司将全部资产和负债转让给 C 公司,C 公司向 X 公司支付 30% 股权作为对价。合并完成后,A 公司和 B 公司均解散。在该新设合并中,A 公司和 B 公司为被合并企业,C 公司为合并企业。

资产收购是指一家企业(以下称为受让企业)购买另一家企业(以下称为转让企业)实质经营性资产的交易。受让企业支付对价的形式包括:股权支付、非股权支付或两者的组合。例如:A 公司与 B 公司达成协议,A 公司购买 B 公司经营性资产(包括固定资产、存货等),该经营性资产的公允价值为 1 000 万元,A 公司支付的对价为本公司 10% 股权、100 万元银行存款以及承担 B 公司 200 万元债务。在该资产收购中 A 公司为受让企业,B 公司为转让企业。

股权收购是指一家企业(以下称为收购企业)购买另一家企业(以下称为被收购企业)的股权,以实现对被收购企业控制的交易。收购企业支付对价的形式包括:股权支付、非股权支付或两者的组合。例如:A 公司与 B 公司达成协议,A 公司收购 B 公司 60% 的股权,A 公司支付 B 公司股东的对价为 50 万元银行存款以及 A 公司控股的 C 公司 10% 股权,A 公司收购股权后实现了对 B 公司的控制。在该股权收购中 A 公司为收购企业,B 公司为被收购企业。

二、企业并购中的税收筹划原理

并购决策的首要问题是——确定最佳目标企业

(1) 选择本企业的上、下游企业为目标企业。① 利用并购行为规避增值税:设有两个机构并实行统一核算的纳税人,将货物从一个机构移送到其他机构用于销售的行为,视同销售货物—并购后视为内部移送,无需缴纳增值税;② 利用并购行为规避消费税:首先,原销售原材料企业需缴纳的消费税将递延至最终产品的销售环节征收;其次,如果后一环节的消费税税率较前一环节的税率低,则可直接减轻企业的消费税税负。③ 利用并购行为规避营业税:外部劳务,转化为内部劳务。

(2) 选择税收优惠地区的目标企业。并购后,争取使新企业能够适用相关的优惠政策。

(3) 选择符合国家产业政策的企业作为目标企业。关注企业所得税法的产业优惠。

(4) 选择累计经营亏损的目标企业。通过盈利与亏损的相互抵消,实现企业所得税的减免。

【筹划实务】

案例分析题

G 企业于某年 12 月合并 H 企业，H 企业当时有 2 000 万元的经营性亏损需递延至以后年度由税前利润弥补。

合并后 G 企业第 1—3 年盈亏情况，见下表。

G 企业并购前盈亏情况表　　　　　　　　　　单位：万元

	第 1 年	第 2 年	第 3 年	合　计
利润总额	800	900	1 200	2 900
减：所得税(25%)	200	225	300	725
所有者净资金流入	600	675	900	2 175

G、H 企业并购盈亏情况表　　　　　　　　　　单位：万元

	第 1 年	第 2 年	第 3 年	合　计
利润总额	800	900	1 200	2 900
减：亏损	800	900	300	2 000
应税利润总额	0	0	900	900
减：所得税(25%)	0	0	225	225
所有者净资金流入	800	900	975	2 675

■ 节税 500 万元

三、企业合并中所得税的筹划

企业合并中所得税的基本规范——《关于企业重组业务企业所得税处理若干问题的通知》(财税〔2009〕59 号文 2009 年 4 月 30 日)

一般情况：

(1) 合并企业应按公允价值确定接受被合并企业各项资产和负债的计税基础。

(2) 被合并企业及其股东都应按清算进行所得税处理。

(3) 被合并企业的亏损，不得在合并企业结转弥补。

如果同时满足规定的五项条件，可以进行特殊性税务处理：

(1) 合并企业接受被合并企业资产和负债的计税基础，以被合并企业的原有计税基础确定。

（2）被合并企业合并前的相关所得税事项，由合并企业承继。

（3）可由合并企业弥补的被合并企业亏损的限额＝被合并企业净资产公允价值×截至合并业务发生当年年末国家发行的最长期限的国债利率。

（4）被合并企业股东取得合并企业股权的计税基础，以其原持有的被合并企业股权的计税基础确定。

附：五项条件

（1）具有合理的商业目的，且不以减少、免除或者推迟缴纳税款为主要目的。

（2）被收购、合并或分立部分的资产或股权比例符合本通知规定的比例。

（3）企业重组后的连续 12 个月内不改变重组资产原来的实质性经营活动。

（4）重组交易对价中涉及股权支付金额符合本通知规定比例。

（5）企业重组中取得股权支付的原主要股东，在重组后连续 12 个月内，不得转让所取得的股权。

【注】上述五项条件中第 2 项，有关企业合并，企业股东在该企业合并发生时取得的股权支付金额不低于其交易支付总额的 85％，以及同一控制下且不需要支付对价的企业合并，可以选择按以下规定处理：

（1）合并企业接受被合并企业资产和负债的计税基础，以被合并企业的原有计税基础确定。

（2）被合并企业合并前的相关所得税事项由合并企业承继。

（3）可由合并企业弥补的被合并企业亏损的限额＝被合并企业净资产公允价值×截至合并业务发生当年年末国家发行的最长期限的国债利率。

（4）被合并企业股东取得合并企业股权的计税基础，以其原持有的被合并企业股权的计税基础确定。

企业合并中的一般税务处理与特殊税务处理对比

		一般税务处理	特殊税务处理
合并企业方的处理	被合并企业的资产、负债的计税基础	按公允价值确定计税基础	以被合并企业原有计税基础确定
	被合并企业的亏损	不得在合并企业结转弥补	由合并企业承继（有弥补限额）
被合并企业方的处理	被合并企业及其股东的所得	按清算进行所得税处理	所取得合并企业股权的计税基础，以其原持有的被合并企业股权的计税基础确定

【筹划实务】

案例分析题

甲公司要兼并一家亏损的乙公司,乙公司当时尚有 200 万元的亏损未弥补,税前弥补期限尚有 3 年,被合并的乙企业净资产的公允价值为 1 000 万元。双方股东谈判达成协议,交易价格为 1 000 万元,甲公司股东表示出让相当于 800 万元价值的股份给原乙公司股东,同时结转给乙公司股东 200 万元的现金。假设预计合并后的企业丙在 2009 年、2010 年、2011 年未弥补亏损前的应税所得额分别为 100 万元、200 万元、300 万元。2009 年、2010 年、2011 年国家发行的最长期限国债利率为 4%。

【解析】

根据财税[2009]59 号文:股权支付比例 $= 800 \div (800 + 200) \times 100\% = 80\% < 85\%$

所以合并企业不能进行特殊税务处理:应按照一般方法纳税(被合并企业的亏损,不得在合并企业结转弥补。)

$$2009 \text{ 年} - 2011 \text{ 年应纳所得税} = (100 + 200 + 300) \times 25\%$$
$$= 150 (\text{万元})$$

【筹划策略】

甲公司股东应提高股权支付额的比重:850 万元股份 + 150 万元非股权支付方式。

特殊税务处理方式:

(合并后的企业承继被合并企业合并前的亏损,进行弥补)

2009 年:可弥补亏损 $= 1 000 \times 4\% = 40 (\text{万元})$

应纳所得税 $= (100 - 40) \times 25\% = 15 (\text{万元})$

2010 年:可弥补亏损 $= 1 000 \times 4\% = 40 (\text{万元})$

应纳所得税 $= (200 - 40) \times 25\% = 40 (\text{万元})$

2011 年:可弥补亏损 $= 1 000 \times 4\% = 40 (\text{万元})$

应纳所得税 $= (300 - 40) \times 25\% = 65 (\text{万元})$

■ 三年共计应纳所得税 $= 15 + 40 + 65 = 120 (\text{万元})$

注意:

本案例中的税收筹划方法,只适用于企业合并,不适用于股权收购。也就是说,目标企业的法人地位必须随并购而消失,否则将不能实现本案例中分析的税收筹划效果。

股权收购是收购公司与目标公司的股东之间的交易行为,并不涉及目标公司这一法人主体。因此,无论收购了目标公司多大比例的股权,目标公司本身未发生变化,并未丧失法律人格,其权利义务仍由目标公司自身承担。因此,财税[2009]59 号文明确,企业股权收购后,被收购方——应确认股权、资产转让所得或损失;收购方——取得股权或资产的计税基础应以公允价值为基础确定;而被收购企业的相关所得税事项——原则上保持不变。即使在文件规定的特殊处理方式下,仍明确"收购企业、被收购企业的原有各项资产和负债的计税基础和其他相关所得税事项保持不变"。

四、企业合并中的流转税筹划

【筹划实务】

> **案例分析题**
>
> E 企业:
>
> 本期销售商品 500 万元,销项税额为 85 万元。
>
> 本期进项税额为 50 万元,实际应缴纳增值税为 35 万元。
>
> F 企业:
>
> 资产额与负债额相等,即净资产额为零。
>
> 但原有库存存货 100 万元,相应进项税额为 17 万元。

【解析】

该 E 企业可以采取"零价收购"法兼并 F 企业。

其中"零价收购"是指将净资产为零(总资产等于总负债)的企业无偿出售,其主要条件是收购方承担原有企业的全部债务。

■ 税收筹划影响:

兼并后,E 企业本期进项增值税增加,导致本期应纳增值税减少。

$$本期进项增值税 = 50 + 17 = 67(万元)$$

$$应缴纳的增值税 = 85 - 67 = 18(万元)$$

■ 案例启示:F 企业存货的进项税额抵减了 E 企业本期应交增值税额,可实现降低增值税 17 万元。

■ 注意:必须全面考虑"零价收购"给企业带来的全面影响。例如,F 企业原有的债务也会因此转移给 E 企业。如果原来 F 企业的账面资产质量不高,不足以承担其原有债务,该税收筹划的效果将受到影响,甚至会影响税收筹划方案的可行性。

五、并购其他企业进行混合销售业务

【筹划实务】

案例分析题

A 商业企业:

为增值税一般纳税人,销售各种类型的护肤品。

2013 年取得进项增值税额为 15 万元,相应的市场销售额为 180 万元(不含税),其中 70％的产品销售给 B 企业。

B 企业:

为一专业连锁美容企业,A 企业是其购入护肤品的主要供货商。

2013 年 B 企业实现营业额 150 万元。

【解析】

A 企业 2013 年应缴纳增值税＝$180 \times 17\% - 15 = 15.6$(万元)

B 企业 2013 年应缴纳营业税＝$150 \times 5\% = 7.5$(万元)

两企业合并,产生兼营:

● 销售护肤品收入＝$180 \times (1 - 70\%) = 54$(万元)

  增值税销项税额＝$54 \times 17\% = 9.18$(万元)

● 允许抵扣的增值税进项税额＝$15 \times (1 - 70\%) = 4.5$(万元)

● 应纳增值税＝$9.18 - 4.5 = 4.68$(万元)

● 美容服务应纳营业税＝$150 \times 5\% = 7.5$(万元)

● 企业应纳增值税和营业税合计＝$4.68 + 7.5 = 12.18$(万元)

● 企业税负降低＝$(15.6 + 7.5) - 12.18 = 10.92$(万元)

■ 税收筹划影响:企业税负降低＝10.92(万元)

■ 注意:本例中的合并,不影响企业的消费税。

第5节 企业股权转让中的税收筹划

一、股权转让与资产转让的区别

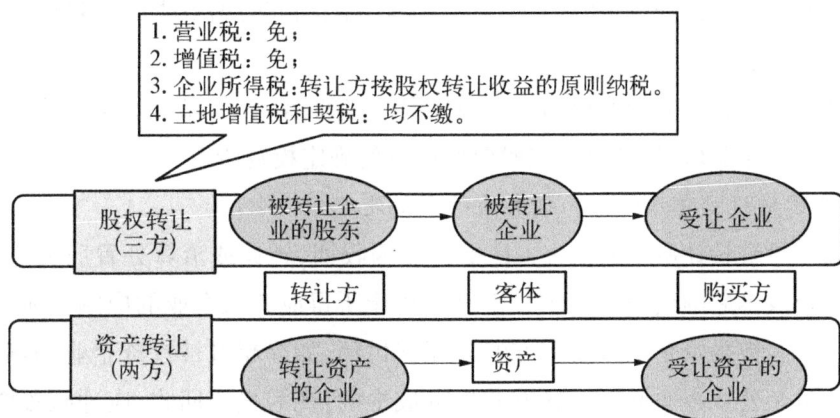

```
1.营业税：免；
2.增值税：免；
3.企业所得税:转让方按股权转让收益的原则纳税。
4.土地增值税和契税：均不缴。
```

资产转让

（1）营业税：

● 转让企业产权时涉及不动产和无形资产的转让，不缴纳营业税。

● 非转让企业产权时涉及销售不动产和无形资产，应纳营业税。

（2）增值税：

● 转让企业全部产权涉及的应税货物转让，不征收增值税。

● 符合转让企业全部产权条件时应税货物的转让，要缴增值税。

（3）企业所得税：整体资产转让时

● 如果非股权支付额≤20%，可暂不计算确认资产转让所得或损失。

● 否则，转让企业须计算确认资产转让所得或损失。

（4）土地增值税和契税：转让房屋要涉及土地增值税问题，受让方要涉及契税问题。

二、企业股权转让中所得税的基本规范

1. 企业股权投资所得的所得税处理

企业的股权投资所得：是指企业通过股权投资，从被投资企业所得税后累计未分配利润和累计盈余公积金中分配取得股息性质的投资收益。凡投资方企业适用的所得税税率高于被投资企业适用的所得税税率的，除国家税收法规规定的定期减税、免税优惠以外，其取得的投资所得应按规定还原为税前收益后，并入投资企业的应纳税所得额，依法补缴企业所得税。

被投资企业分配给投资方企业的全部货币性资产和非货币性资产(包括被投资企业为投资方企业支付的与本身经营无关的任何费用)应全部视为被投资企业对投资方企业的分配支付额。被投资企业向投资方分配非货币性资产,在所得税处理上应视为以公允价值销售有关非货币性资产和分配两项经济业务,并按规定计算财产转让所得或损失。

除另有规定者外,不论企业会计账务中对投资采取何种方法核算,被投资企业会计账务上实际做利润分配处理(包括以盈余公积和未分配利润转增资本)时,投资方企业应确认投资所得的实现。

企业从被投资企业分配取得的非货币性资产,除股票外,均应按有关资产的公允价值确定投资所得。企业取得的股票,按股票票面价值确定投资所得。

2. 企业股权投资转让所得和损失的所得税处理

企业股权投资转让所得或损失:是指企业因收回、转让或清算处置股权投资的收入减除股权投资成本后的余额。企业股权投资转让所得应并入企业的应纳税所得,依法缴纳企业所得税。被投资企业对投资方的分配支付额,如果超过被投资企业的累计未分配利润和累计盈余公积金而低于投资方的投资成本的,视为投资回收,应冲减投资成本;超过投资成本的部分,视为投资方企业的股权转让所得,应并入企业的应纳税所得,依法缴纳企业所得税。

被投资企业发生的经营亏损,由被投资企业按规定结转弥补;投资方企业不得调整减低其投资成本,也不得确认投资损失。

企业因收回、转让或清算处置股权投资而发生的股权投资损失可以在税前扣除,但每一纳税年度扣除的股权投资损失,不得超过当年实现的股权投资收益和投资转让所得,超过部分可无限期向以后纳税年度结转扣除。

3. 企业股权转让有关所得税问题的补充规定

《国家税务总局关于企业股权转让有关所得税问题的补充通知》(国税函[2004]390号)对企业股权转让有关所得税问题补充规定如下:

企业在一般的股权(包括转让股票或股份)的买卖中,应按《国家税务总局关于企业股权投资业务若干所得税问题的通知》(国税发[2000]118号)有关规定执行。股权转让人应分享的被投资方累计未分配利润或累计盈余公积应确认为股权转让所得,不得确认为股息性质的所得。

企业进行清算或转让全资子公司以及持股95%以上的企业时,应按《国家税务总局关于印发〈企业改组改制中若干所得税业务问题的暂行规定〉的通知》(国税发[1998]97号)的有关规定执行。投资方应分享的被投资方累计未分配利润和累计盈余公积,应确认为投资方股息性质的所得。为避免对税后利润重复征税,影响企业改组活动,在计算投资方的股权转让所得时,允许从转让收入中减除上述股息性质的所得。

　　按照《国家税务总局关于执行〈企业会计制度〉需要明确的有关所得税问题的通知》（国税发[2003]45 号）第三条规定,企业已提取减值、跌价或坏账准备的资产,如果有关准备在申报纳税时已调增应纳税所得,转让处置有关资产而冲销的相关准备应允许作相反的纳税调整。因此,企业清算或转让子公司(或独立核算的分公司)的全部股权时,被清算或被转让企业应按过去已冲销并调增应纳税所得的坏账准备等各项资产减值准备的数额,相应调减应纳税所得,增加未分配利润,转让人(或投资方)按享有的权益份额确认为股息性质的所得。

【筹划实务】

案例分析题

　　K 公司最大的股东为 A 公司,持有其 80% 的股份,另外两家股东 B 公司和 C 公司分别持有 K 公司 16% 和 4% 的股份。2010 年 5 月 A 公司欲出售其持有的 K 公司股份,并得知 D 公司欲同时购买 A、B 两公司所持有的 K 公司股份。经审计,K 公司净资产为 850 万元,其中实收资本 500 万元,盈余公积 300 万元,未分配利润 50 万元。D 公司欲分别向 A、B 公司支付 680 万元和 136 万元,换取 K 公司 96% 的股权。已知 A 公司取得这些股份的初始投资成本为 400 万元,以上企业均适用 25% 的企业所得税税率。

【解析】

　　根据国税发[2000]118 号文,A 公司应分享的 K 公司累计未分配利或累计盈余公积应确认为股权转让所得,不得确认为股息性质的所得。

　　A 公司股权转让业务中:

　　　　股权转让收益 = 股权转让收入 − 股权投资成本 = 680 − 400 = 280(万元)

　　　　应纳企业所得税 = 280 × 25% = 70(万元)

【筹划思路】

　　K 企业 96% 的股份被转让,已经超过了国税函[2004]390 号文件中"95%"的标准。只是由于被转让的股权分属于 A、B 两家企业,而不能适用以上的政策。因此,A 公司可以考虑,先收购 B 公司所持有的 16% 的股份(136 万元),再将全部股份转让给 D 企业(816 万元)。

　　K 公司累计未分配利润和累计盈余公积＝未分配利润＋盈余公积＝50＋300

　　　　　　　　　　　　　　　　＝350(万元)

A 公司股息所得＝350×96％＝336(万元)

A 公司股权转让收益＝股权转让收入－股权投资成本＝680－400－336
　　　　　　　　　　＝－56(万元)

A 公司应纳企业所得税＝－56×25％＝－14(万元)

■ 减少纳税 84 万元(70＋14)。

三、企业(非居民)股权转让中预提所得税的筹划

【筹划实务】

案例分析题

外国投资者甲企业于 2000 年在中国香港注册成立了全资控股的子公司丁公司，而后于 2001 年与中国乙企业通过发起设立方式，在中国某市经济技术开发区设立外商投资企业丙，丙企业注册资本 6 000 万美元，折合人民币 5 亿元，甲、乙各拥有丙企业 50％股份。

丙企业自 2002 年开始盈利。至 2007 年 12 月 31 日，丙公司资产总额为 10 亿元、负债合计 4 亿元、股东权益合计 6 亿元(其中股本 5 亿元，资本公积 0.4 亿元、未分配利润 0.6 亿元)。

新《企业所得税法》实施后，丙公司向甲公司支付股息所承担的税负增加，为此甲公司欲寻求税收筹划方案？

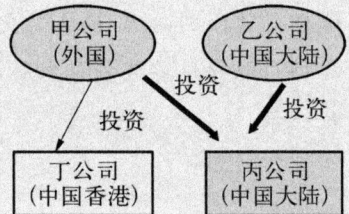

税收筹划前的股权

【筹划思路】

2008 年 1 月 1 日之前，外国投资者从中国境内外企取得的利润或股息免征所得税。《内地和香港特别行政区关于对所得避免双重征税和防止偷漏税的安排》第十条规定：一方居民公司支付给另一方居民的股息，可以在该另一方征税；然而，这些股息也可以在支付股息的公司是其居民的一方，按照该一方法律征税。但是，如果股息收益所有人是另一方的居民，则所征税款不应超过：一、如果受益所有人是直接拥有支付股息公司至少 25％股份的，为股息总额的 5％；二、在其他情况下，为股息总额的 10％。根据以上规定，本案例中的甲企业可以利用其在香港的子公司，通过股权转让进行税收筹划。

【解析】

甲企业可以将其在丙公司的全部股份转让给位于香港的丁公司。由于甲公司所拥有的股份达 50%，已经远远超过了 25%，因此甲企业将股份转让给香港的丁公司后，该项所得的适用税率将从 10% 降为 5%。

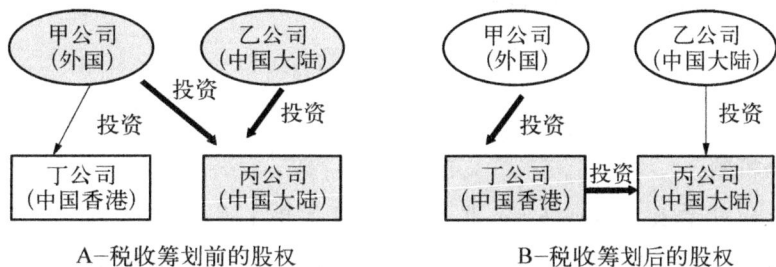

A－税收筹划前的股权　　　　　　B－税收筹划后的股权

【案例启示】

（1）股权转让中的税收负担

甲公司转让股权的真正意义在于规避预提所得税，因此股权转让是不以获得利润为目的。因此，甲公司可以选择"平价销售"，不使自己产生利润。

丁公司方面，由于甲公司的账面价值很可能会低于其在丙公司的所有者权益份额 3 亿元（即 6 亿元×50%），所以需要考虑持有期间的股息收入纳税问题；不过幸运的是，由于香港只行驶地域税收管辖权，即香港政府对其居民企业来源于境外的所得不征税。所以，香港的丁公司取得的这项"收入"在香港将免除企业所得税。

（2）股权转让后的预提所得税问题

股权由甲公司转让给丁公司之后，将不再按照《企业所得税法》及其实施条例中的一般规定，而是按照《内地和香港特别行政区关于对所得避免双重征税和防止偷漏税的安排》，以股息总额为基数，缴纳最高 5% 的预提所得税。

【特别提示】

（1）股权转让过程中，甲公司应特别注意，确定合理的转让价格。定价过高则需要缴纳所得税，定价过低则有转让定价之嫌。

（2）甲企业应主动进行纳税申报。应自实际取得股权转让收入之日起 7 日内，到被转让股权的中国居民企业所在地主管税务机关（负责该居民企业所得税征管的税务机关）申报缴纳企业所得税。

（3）运用本案例中的方法进行税收筹划，需要预先了解有关税收协定和税收管辖权的实践状况。

四、企业股权转让中的公积金处理

【筹划思路】

投资企业可以利用其在被投资企业的影响,先由被投资企业进行利润分配,然后转让股权,以达到减轻所得税费用、提高税后净收益的目的。

【筹划实务】

> **案例分析题**
>
> B公司的股本共2 000万元,其中A公司某年1月1日用300万元投资购买了B公司15%的股份,A公司采用成本法核算,两个公司的企业所得税税率均为25%。当年B公司实现净利润400万元,按10%提取法定盈余公积后,公司公积金总额达到340万元;第二年A公司转让所持有的B公司股权,转让价格为400万元。

【解析】

方案一:直接转让股权,取得400万元转让款。

A公司应确认的股权转让所得 $= 400 - 300 = 100$(万元)

A公司应纳企业所得税 $= 100 \times 25\% = 25$(万元)

A公司所得税后净收益 $= 400 - (300 + 25) = 75$(万元)

方案二:B公司先将公积金340万元转增资本,然后由A公司转让股权。

A公司应确认的股权转让所得 $= 400 - (300 + 51) = 49$(万元)

A公司应纳企业所得税 $= 49 \times 25\% = 12.25$(万元)

A公司所得税后净收益 $= 400 - (300 + 12.25) = 87.75$(万元)

第6节　企业整体资产转让、置换的纳税筹划

一、企业整体资产转让的税收筹划

1. 基本原则

应在交易发生时,将其分解为按公允价值销售全部资产和进行投资两项经济业务进行所得税处理,并按规定计算确认资产转让所得或损失。

2. 暂不计算资产转让所得或损失的情况

如果企业整体资产转让交易的接受企业支付的交换额中，除接受企业股权以外的现金、有价证券、其他资产（以下简称"非股权支付额"）不高于所支付的股权的票面价值（或股本的账面价值）20％的，经税务机关审核确认，转让企业可暂不计算确认资产转让所得或损失。转让企业和接受企业不在同一省（自治区、直辖市）的，须报国家税务总局审核确认。

- 转让企业：取得接受企业股权的成本，应以其原持有资产的账面净值为基础确定，不得以经评估确认的价值为基础确定。
- 接受企业：接受转让企业资产的成本，须以其在转让企业原账面净值为基础结转确定，不得按经评估确认的价值调整。

【筹划实务】

案例分析题 1
　A 企业有一独立核算的分厂 B。2010 年 12 月，A 企业由于产业战略调整，欲将 B 企业整体转让。B 企业全部资产（包括房屋建筑物、机器设备、存货等全部资产）的账面价值为 800 万元，经评估确认的交易价格为 1 200 万元。经协商，C 企业愿以 1 200 万元价格购买 B 企业，支付方式为 900 万元（账面价值）C 企业股权以及 300 万元现金。

【解析】

根据国税发[2000]118 号文，A 企业应将此整体资产转让业务分解为按公允价值销售全部资产，以及按公允价值购买另一方全部资产的经济业务进行所得税处理，并按规定计算确认资产转让所得或损失。

在销售资产的业务中，A 企业：

$$销售利润 ＝ 销售收入 － 销售成本 ＝ 1 200 － 800 ＝ 400（万元）$$

$$应纳企业所得税 ＝ 400 × 25\％ ＝ 100（万元）$$

【筹划思路】

非股权支付比例为 33％（300 万元现金/900 万元账面价值），可以考虑降低，以适用暂免纳税的规定。

C 企业的支付方式改为 1 000 万元面值的 C 企业股票以及 200 万元的现金，以满足"20％"的要求。

■ 少纳税 100 万元。

注意：

A 企业取得的 C 企业股票，应按照"其原持有的资产的账面净值"即 600 万元（总价值 800 万元－200 万元现金）进行确认。

而 C 企业接受的 B 企业资产，也应按照 800 万元确认其资产成本。

【筹划实务】

案例分析题 2

假设 A 企业出售 B 企业的原因，不是出于战略调整，而是想通过资产整体转让获得 300 万元流动资金。这时上个案例中的税收筹划方案就存在很大遗憾：虽然税负降低了，但是只取得了 200 万元的现金，企业流动性不足的问题，并没有得到根本解决。

【筹划思路】

A 企业通过前述的操作，降低了 100 万元的税负；但也有 100 万元的资产，由税收筹划前的货币资金形式，变为了税收筹划后的 C 企业股权形式。因此，整体上讲，前述的税收筹划方案，对 A 企业还是有受益的，所需要的只是再将税收筹划后新增加的 100 万元 C 企业股权转化为现金形式。

（C 企业股权是按照 B 企业资产的账面价格入账的，因此将其转变为现金，就意味着会产生一定的收益，需要缴纳企业所得税。）

【筹划关键点】

假设 A 企业出售 60 万元 C 企业股票可以获得 100 万元现金。这时 A 企业产生所得税纳税义务：

$$应纳企业所得税＝（100 万元－60 万元）×25％＝10（万元）$$

■ 节税 90 万元。

【筹划启示】

至此，A 企业完全实现了整体出售 B 企业并获得 300 万元货币资金的初衷，而与筹划前相比，企业的所得税负担由 100 万元降低至 10 万元。

注意：

如果 A 企业将其获得的 C 企业股票全部出售,其税收负担将恢复到税收筹划之前的水平。由此我们也可以推断,在案例进行税收筹划的基础上,A 企业出售的 C 企业股票越少,其税收筹划效果越强。

二、企业整体资产置换的税收筹划

1. 企业整体资产置换的税收政策

(1) 基本原则

应在交易发生时,将其分解为按公允价值销售全部资产和按公允价值购买另一方全部资产的经济业务进行所得税处理,并按规定计算确认资产转让所得或损失。

(2) 双方企业均不确认资产转让的所得或损失的情况

如果整体资产置换交易中,作为资产置换交易补价(双方全部资产公允价值的差额)的货币性资产占换入总资产公允价值不高于 25% 的,经税务机关审核确认,资产置换双方企业均不确认资产转让的所得或损失。

不在同一省(自治区、直辖市)的企业之间进行的整体资产置换,须报国家税务总局审核确认。

2. 企业整体资产置换的税收筹划方法

企业纳税的水平,取决于公允价值和账面价值的差额。公允价值超过账面价值越多,企业的税负就越重。而如果某一方企业资产的公允价值不高于其账面价值,则整体资产置换不会产生所得税纳税义务。由此看出,公允价值的确定,是决定整体资产置换中税负高低的重要因素。

企业在整体资产置换中既可能产生所得,也可能产生损失。当预计企业的整体资产置换业务将产生所得时,应争取"不确认资产转让的所得或损失"的特殊政策;而当产生损失时,应争取在当期确认这项损失,以抵减当期的应纳税所得额。

"补价"的比例是决定企业能否享受特殊政策、"不确认资产转让的所得或损失"的关键。这一关键比例,是由"补价/公允价值"决定的,与企业资产的账面价值无关。因此,选择是否适用"不确认资产转让的所得或损失"政策,需从"补价"的金额和"公允价值"两方面入手。

【筹划实务】

案例分析题

甲、乙企业欲进行整体资产置换。两企业均适用 25% 的企业所得税率。在评估基准日,甲企业资产账面价值为 3 000 万元,乙企业资产账面价值为 2 800 万元。

试分析,当评估产生的公允价值分别为以下四种情况时,两企业的所得税纳税义务。

第一种情况

双方资产公允价值均高于原账面价值。甲企业资产公允价值为 3 300 万元,乙企业资产公允价值为 3 100 万元,乙企业另以银行存款 200 万元支付给甲企业作为补价。

【解析】

双方资产公允价值高于原账面价值。

甲公允价值 3 300 万元 = 乙公允价值为 3 100 万元 + 银行存款 200 万元

甲企业资产转让所得 = 3 300 - 3 000 = 300(万元)

乙企业资产转让所得 = 3 100 - 2 800 = 300(万元)

补价 / 总资产公允价值 = 200 ÷ 3 300 × 100% = 6.06% < 25%

【案例启示】

甲、乙企业均"不确认资产转让的所得或损失"。

按 25% 的企业所得税计算,甲、乙企业各降低了 75 万元(300×25%)的纳税义务。因此,这种公允价值对甲、乙企业均是可以受益的。

第二种情况

双方资产公允价值均低于原账面价值。

甲企业资产公允价值为 2 700 万元,乙企业资产公允价值为 2 500 万元,乙企业另以银行存款 200 万元支付给甲企业作为补价。

【解析】

双方资产公允价值均低于原账面价值。

甲公允价值为 2 700 万元 = 乙公允价值为 2 500 万元 + 银行存款 200 万元

甲企业资产转让所得 = 2 700 - 3 000 = -300(万元)

乙企业资产转让所得 = 2 500 - 2 800 = -300(万元)

补价 / 总资产公允价值 = 200 万元 ÷ 2 700 万元 = 7.41% < 25%

因此甲、乙企业均"不确认资产转让的所得或损失"。

【案例启示】

按 25% 的企业所得税计算,甲、乙企业各有 300 万元的损失没有在企业所得税前抵减,相应的,企业所得税纳税义务将提高 75 万元(300×25%)。可见,这种公允价值对甲、乙企业均是不利的。

第三种情况

用于置换的一方资产公允价值高于原账面价值,另一方资产公允价值低于原账面价值。

甲企业资产公允价值为 3 300 万元,乙企业资产公允价值为 2 600 万元,乙企业另以银行存款 700 万元支付给甲企业作为补价。

【解析】

一方资产公允价值高于原账面价值,另一方资产公允价值低于原账面价值。

甲公允价值 3 300 万元 ＝ 乙公允价值为 2 600 万元 ＋ 银行存款 700 万元

甲企业资产转让所得 ＝ 3 300 － 3 000 ＝ 300(万元)

乙企业资产转让所得 ＝ 2 600 － 2 800 ＝－ 200(万元)

补价 / 总资产公允价值 ＝ 700 万元 ÷ 3 300 万元 ＝ 21.21% ＜ 25%

【案例启示】

甲、乙企业均"不确认资产转让的所得或损失"。

甲企业:减少当期的所得税负担 75 万元(300 × 25%)

乙企业:当期的所得税负担增加 50 万元(200 × 25%)

第四种情况

用于置换的一方资产公允价值高于原账面价值,另一方资产公允价值低于原账面价值,且不能满足"25%"的条件,两企业需要确认资产转让的所得或损失的情况。

甲企业资产公允价值为 3 300 万元,乙企业资产公允价值为 2 400 万元,乙企业另以银行存款 900 万元支付给甲企业作为补价。

【解析】

一方资产公允价值高于原账面价值,另一方资产公允价值低于原账面价值,且不满足"25%"的条件。

甲公允价值为 3 300 万元 ＝ 乙公允价值为 2 400 万元 ＋ 银行存款 900 万元

甲企业资产转让所得 ＝ 3 300 － 3 000 ＝ 300(万元)

乙企业资产转让所得 ＝ 2 400 － 2 800 ＝－ 400(万元)

补价 / 总资产公允价值 ＝ 900 万元 ÷ 3 300 万元 ＝ 27.3% ＞ 25%

■ 甲、乙企业均需要确认资产转让的所得或损失。

甲企业:需要缴纳企业所得税 75 万元(300×25%)。

乙企业:可以抵减 400 万元应纳税所得额,降低 100 万元(400×25%)纳税。

第 7 节　企业清算的税收筹划

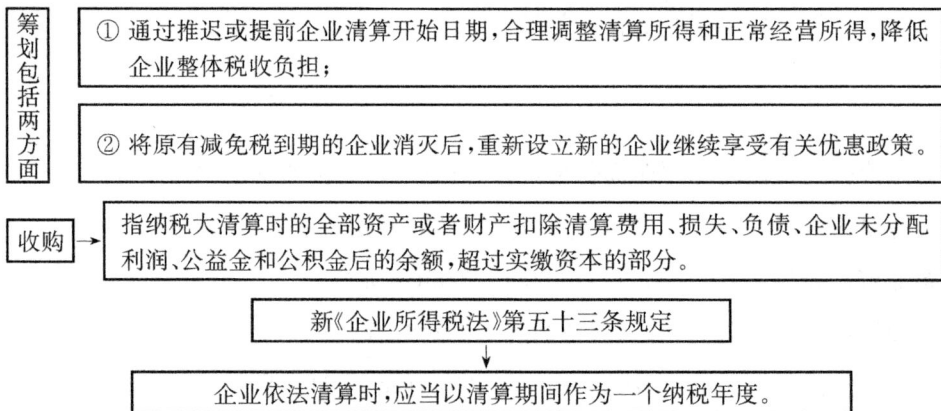

筹划包括两方面	① 通过推迟或提前企业清算开始日期,合理调整清算所得和正常经营所得,降低企业整体税收负担;
	② 将原有减免税到期的企业消灭后,重新设立新的企业继续享受有关优惠政策。

收购	指纳税大清算时的全部资产或者财产扣除清算费用、损失、负债、企业未分配利润、公益金和公积金后的余额,超过实缴资本的部分。

新《企业所得税法》第五十三条规定

↓

企业依法清算时,应当以清算期间作为一个纳税年度。

筹划思路:调整企业清算日期,进行税收筹划。即通过改变企业清算日期,可以减少企业清算期间的应税所得数额,实现税收筹划的目的。

【筹划实务】

案例分析题

A 公司董事会于 8 月 18 日向股东会提交了公司解散申请书,股东会 8 月 20 日通过决议,决定公司于 8 月 31 日宣布解散,并于 9 月 1 日开始正常清算。A 公司在 9 月 1 日至 9 月 30 日共发生费用 160 万元,清算所得为 90 万元。

【解析】

A 公司在成立清算组前进行的内部清算中发现:

当年 1—8 月份公司预计盈利 100 万元(适用税率为 25%)。于是,在尚未公告和进行税务申报的前提下,股东会再次通过决议将公司解散日期推迟至 9 月 30 日,并于 10 月 1 日开始清算,全部清算所得也推迟至 10 月份实现。

① 清算开始日为 9 月 1 日时:

$$1—8 月应纳所得税税额＝100×25\%＝25(万元)$$

清算所得＝90－160＝－70(万元),不纳税。

② 清算开始日为 10 月 1 日时:

1—9 月亏损 60 万元,本期不纳企业所得税。

清算所得为 90 万元,应先抵减上期 60 万元亏损后,再纳税。

$$清算所得税额＝(90-60)\times25\%＝7.5(万元)$$

■ 节税 17.5 万元

【相关政策】

1. 重新设立新的企业继续享受有关优惠政策

根据财税[2006]1 号规定,享受企业所得税定期减免的新办企业须符合三个条件:

(1) 须按照国家法律、法规以及有关规定在工商行政管理部门办理设立登记新注册成立的企业。

(2) 新办企业的权益性出资人(股东或其他权益投资方)实际出资中固定资产、无形资产等非货币性资产的累计出资额占新办企业注册资金的比例不得超过 25%。

(3) 新办企业在享受企业所得税定期减税或免税优惠政策期间,从权益性投资人及其关联方累计购置的非货币性资产超过注册资金 25% 的,将不再享受相关企业所得税减免税政策优惠。

2. 国税发[2006]103 号对财税[2006]1 号文件的补充

(1) 对新办企业利用转让定价等方法从关联企业转移来的利润,则明确不准其享受新办企业所得税优惠。

(2) 如果新企业的业务和关键人员是从现有企业转移而来的,则其全部所得均不得享受新办企业所得税优惠政策。

【拓展资源】

借 壳 上 市

借壳上市是指一家私人公司(Private Company)通过把资产注入一家市值较低的已上市公司(壳,Shell),得到该公司一定程度的控股权,利用其上市公司地位,使母公司的资产得以上市。通常该壳公司会被改名。

1. 借壳上市的定义

直白地说,借壳上市就是将上市的公司通过收购、资产置换等方式取得已上市 ST 公司的控股权,这家公司就能够以上市公司增发股票的方式进行融资,从而实现上市的目的。

与一般企业相比,上市公司最大的优势是能在证券市场上大规模筹集资金,以此促进公司规模的快速增长。因此,上市公司的上市资格已成为一种"稀有资源",所谓"壳"就是指上市公司的上市资格。由于有些上市公司机制转换不彻底,不善于经营管理,其业绩表现不尽如人意,丧失了在证券市场进一步筹集资金的能力,要充分利用上市公司的这个

"壳"资源,就必须对其进行资产重组,买壳上市和借壳上市就是更充分地利用上市资源的两种资产重组形式。而借壳上市是指上市公司的母公司(集团公司)通过将主要资产注入到上市的子公司中,来实现母公司的上市,借壳上市的典型案例之一是强生集团的"母"借"子"壳。

借壳上市一般都涉及大宗的关联交易,为了保护中小投资者的利益,这些关联交易的信息皆需要根据有关的监管要求,充分、准确、及时地予以公开披露。

2. 与买壳上市的异同

借壳上市和买壳上市的共同之处在于,它们都是一种对上市公司壳资源进行重新配置的活动,都是为了实现间接上市,它们的不同点在于,买壳上市的企业首先需要获得对一家上市公司的控制权,而借壳上市的企业已经拥有了对上市公司的控制权。

从具体操作的角度看,当非上市公司准备进行买壳或借壳上市时,首先碰到的问题便是如何挑选理想的壳公司,一般来说,壳公司具有这样一些特征:即所处行业大多为夕阳行业,具体主营业务增长缓慢,盈利水平微薄甚至亏损;此外,公司的股权结构较为单一,利于对其进行收购控股。

在实施手段上,借壳上市的一般做法是:第一步,集团公司先剥离一块优质资产上市;第二步,通过上市公司大比例的配股筹集资金,将集团公司的重点项目注入到上市公司中去;第三步,再通过配股将集团公司的非重点项目注入进上市公司实现借壳上市。与借壳上市略有不同,买壳上市可分为买壳——借壳两步走,即先收购控股一家上市公司,然后利用这家上市公司,将买壳者的其他资产通过配股、收购等机会注入进去。

3. 发展历史

美国自1934年已开始实行借壳上市,由于成本较低及成功率甚高,所以越来越受欢迎。在经济衰退时期,有不少上市公司的收入减少,市值大幅下跌,这造就了机会让其他私人公司利用这个"壳"得以上市。

近年,中国经济改革开放,有很多企业欲在海外上市,但碍于政治因素以及烦琐的程序,部分企业会选择收购美国一些壳公司,在纳斯达克或纽约证券交易所上市。在科网泡沫爆破后,有很多科网公司濒临破产,市值极低,这造就了更多借壳上市的机会。

4. 实现的途径

要实现借壳上市或买壳上市,必须首先要选择壳公司,要结合自身的经营情况、资产情况、融资能力及发展计划。选择规模适宜的壳公司,壳公司要具备一定的质量,不能具有太多的债务和不良债权,具备一定的盈利能力和重组的可塑性。接下来,非上市公司通过并购,取得相对控股地位,要考虑壳公司的股本结构,只要达到控股地位就算并购成功。其具体形式可有三种:

(1)通过现金收购,这样可以节省大量时间,智能软件集团即采用这种方式借壳上市,借壳完成后很快进入角色,形成良好的市场反应。

(2) 完全通过资产或股权置换,实现"壳"的清理和重组合并,容易使壳公司的资产、质量和业绩迅速发生变化,很快实现效果。

(3) 两种方式结合使用,实际上大部分借"壳"或买"壳"上市都采取这种方法。

非上市公司进而控制股东,通过重组后的董事会对上市壳公司进行清理和内部重组,剥离不良资产或整顿提高壳公司原有业务状况,改善经营业绩。

与 IPO 比较,如图所示:

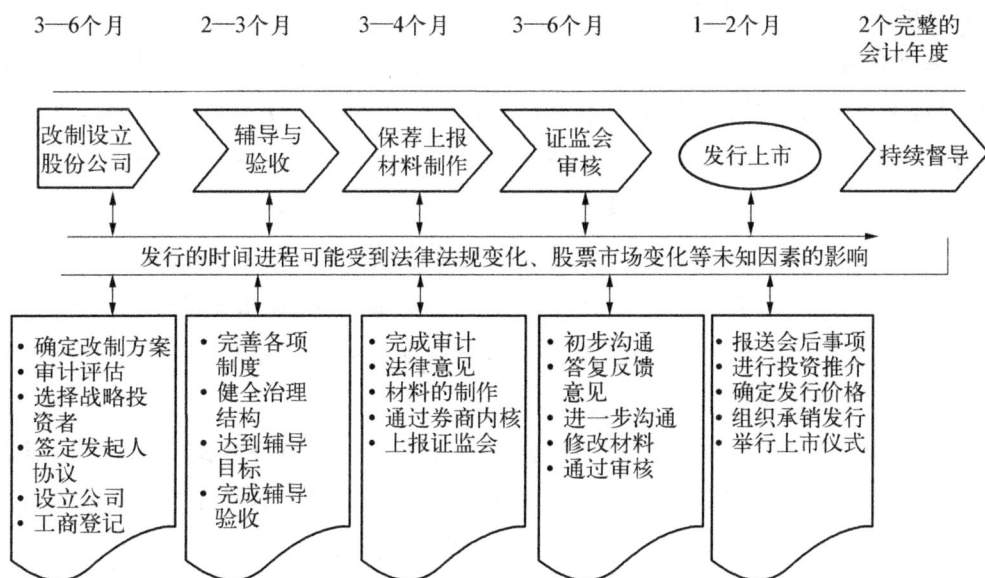

企业 IPO 流程

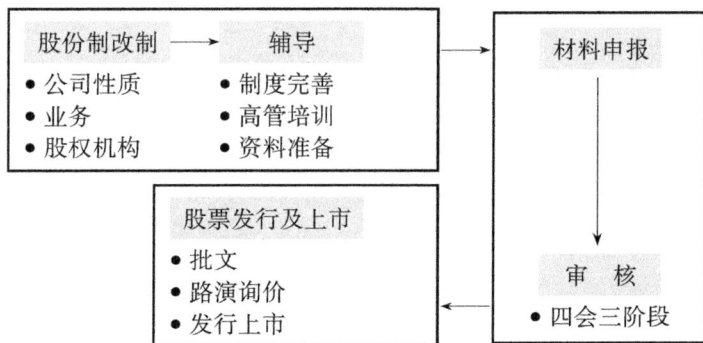

证监会日前发布了修订后的《上市公司重大资产重组管理办法》和《上市公司收购管理办法》,采取多个措施防止并购重组内幕交易发生。

本次修订主要包括取消对不构成借壳上市的重大购买、出售、置换资产行为的审批;取消要约收购事前审批及两项要约收购豁免情形的审批;完善发行股份购买资产的市场化定价机制;完善借壳上市定义,明确对借壳上市执行与 IPO 审核等同的要求,明确创业板上市公司不允许借壳上市；丰富并购重组支付工具；取消向非关联第三方发行股份购买资产的门槛限制和盈利预测补偿强制性规定要求；加强事中事后监管、督促中介机构归位尽责；在保护投资者权益等方面作出配套安排。

针对部分有证券资格的会计师事务所反映，对于非上市公司通过购买上市公司的股权、实现间接上市交易应当如何进行会计处理存在一些理解差别，财政部会计司日前发布《关于非上市公司购买上市公司股权实现间接上市会计处理的复函》，明确相关问题。财政部在复函中明确，非上市公司取得上市公司的控制权，未形成反向购买的，应当按照《企业会计准则第20号——企业合并》的规定执行。

非上市公司以其持有的对子公司投资等资产为对价取得上市公司的控制权，构成反向购买的，上市公司编制合并财务报表时应当区别以下情况处理：交易发生时，上市公司未持有任何资产负债或仅持有现金、交易性金融资产等不构成业务的资产或负债的，上市公司在编制合并财务报表时，应当按照《财政部关于做好执行会计准则企业2008年年报工作的通知》(财会函[2008]60号)的规定执行；交易发生时，上市公司保留的资产、负债构成业务的，应当按照《企业会计准则第20号——企业合并》及相关讲解的规定执行，即对于非同一控制下企业合并的，企业合并成本与取得的上市公司可辨认净资产公允价值份额的差额应当确认为商誉或是计入当期损益。

非上市公司取得上市公司的控制权，构成反向购买的，上市公司在其个别财务报表中应当按照《企业会计准则第2号—长期股权投资》等的规定确定取得资产的入账价值。上市公司的前期比较个别财务报表应为其自身个别财务报表。

第6章 典型案例分析

一、增值税的税收筹划

【筹划实务】

案例分析题1——增值税减免税的税收筹划

某市牛奶公司主要生产流程如下：饲养奶牛生产牛奶，将产出的新鲜牛奶再进行加工制成奶制品，再将奶制品销售给各大商业公司，或直接通过销售网络转销给B市及其他地区的居民。

由于奶制品的增值税税率适用17%，进项税额主要有两部分组成：

一是向农民个人收购的草料部分可以抵扣10%的进项税额。

二是公司水费、电费和修理用配件等按规定可以抵扣进项税额。

与销项税额相比，这两部分进项税额数额较小，致使公司的增值税税负较高。

为了取得更高的利润，公司除了加强企业管理外，还必须努力把税负降下来。从公司的客观情况来看，税负高的原因在于公司的进项税额太低。因此，公司进行税收筹划的关键在于如何增加进项税额。围绕进项税额，公司采取了以下筹划方案。

【解析】

公司将整个生产流程分成饲养场和牛奶制品加工两部分，饲养场和奶制品加工厂均实行独立核算。

分开后，饲养场属于农产品生产单位，按规定可以免征增值税，奶制品加工厂从饲养场购入的牛奶可以抵扣10%的进项税额。

现将公司实施筹划方案前后有关数据对比如下：

⊙ 实施前：

假定2000年度从农民生产者手中购入的草料金额为100万元，允许抵扣的进项税额为10万元，其他水电费、修理用配件等进项税额为8万元，全年奶制品销售收入为500万

元,则:

$$应纳增值税额＝销项税额－进项税额＝500×17\%－(10+8)＝67(万元)$$

$$税负率＝67÷500×100\%＝13.4\%$$

⊙ 实施后:

饲养场免征增值税,假定饲养场销售给制品厂的鲜奶售价为 350 万元,其他资料不变。则:

$$应纳增值税＝销项税额－进项税额＝500×17\%－(350×10\%+8)$$
$$＝42(万元)$$

$$税负率＝42÷500×100\%＝8.4\%$$

■ 方案实施后比实施前节省增值税额：$67-42＝25(万元)$

【筹划实务】

案例分析题 2——兼营行为的税收筹划

某钢材厂属于增值税一般纳税人,某月销售钢材 100 万元(含税),适用税率为 17%。同时,经营农机收入 50 万元,适用税率为 13%。要求：该钢材厂应如何筹划比较节税?

【解析】

(1) 未分别核算：销项税 $＝(100+50)÷(1+17\%)×17\%＝21.79(万元)$

(2) 分别核算：销项税 $＝100÷(1+17\%)×17\%+50÷(1+13\%)×13\%$
$$＝20.28(万元)$$

■ 结论：分别核算可以减轻税负 $＝21.79-20.28＝1.51(万元)$

因此,筹划方法是该钢材厂应分别核算。

【筹划实务】

案例分析题 3——兼营免税或非应税项目进项税额核算的筹划

某公司是增值税一般纳税人。生产 A 产品,售价 17 元/件(不含税),成本构成大致为材料 10 元/件(其中主要原材料 9 元/件,辅助材料 1 元/件),工资等其他成本 6 元/件(进项税额忽略不计),当年预计生产 200 万件。现有一国外来料加工的订单,由该公司提供辅助材料并加工成 A 产品,加工费 7.5 元/件,共计 10 万元。该公司销售部门的人员作了一个预测：由于来料加工货物出口时免征增值税，其耗用的辅助材料的进项税额不能抵扣，应增加材料的成本，所以该加工成本是辅助材料 1.17 元/件，工资等其他成本 6 元/件，合计成本 7.17 元/件，加工利润是 $(7.5 - 7.17) \times 10 = 3.3$ 万元，因此签订了该加工合同。你认为该接这笔订单吗？

【解析】

(1) 不得抵扣的进项税额＝全部进项税额×免税项目销售额/全部销售额

全部进项税额＝ 10 元/件×17%×200 万件＋1 元/件×17%×10 万件

$\qquad\qquad\quad$ ＝ 341.7 万元

免税项目销售额＝ 7.5 元/件×10 万件＝ 75 万元

全部销售额合计＝ 17 元/件×200 万件＋7.5 元/件×10 万件＝ 3 475 万元

不得抵扣的进项税额＝ 341.7×75/3 475 ＝ 7.38 万元

(2) 该来料加工业务的成本总额＝1 元/件×10 万件＋7.38 万元＋6 元/件×10 万件＝ 77.38 万元

(3) 来料加工业务利润＝ 75 万元－77.38 万元＝－2.38 万元

■ 结论：该订单不但不盈利，反而亏损了 2.38 万元。

二、个人所得税的税收筹划

【筹划实务】

案例分析题 1——居民纳税人的税收筹划

王先生在 Ａ 公司兼职，收入为每月 4 000 元。

要求：试做出降低税负的筹划方案？

【解析】

(1) 如果王先生与 Ａ 公司没有固定的雇佣关系，则按照税法规定，其收入应按劳务报酬所得征税。其应纳税额为：$(4\ 000 - 800) \times 20\% = 640$(元)

(2) 如果王先生与 Ａ 公司建立起合同制雇佣关系，来源于 Ａ 公司的所得则可作为工资、薪金所得，计算缴纳个人所得税，其应纳税额为：

$$(4\,000 - 3\,500) \times 3\% = 15(元)$$

■ 结论:因此王先生应与 A 企业签订聘用合同,每月可节税 625 元。

【筹划实务】

案例分析题 2——非居民纳税人的税收筹划

某外籍人士应聘到中国的一家公司任高级管理人员。聘用合同注明:月薪 150 000 元人民币,每年报销两次探亲费,公司不再承担其他任何费用,年终根据业绩情况发放年终资金。经过纳税筹划,合同改进为每月以非现金形式或实报实销形式报销住房补贴、伙食补贴、搬迁费、洗衣费、子女教育费等 20 000 元,同时将月薪改为 130 000 元人民币,公司支出不变。试计算经纳税筹划后,该外籍人士每月可以节约多少个人所得税支出?

(速算扣除数为 15 375)

【解析】

(1) 筹划前,该外籍人士每月个人所得税 $= (150\,000 - 4\,800) \times 45\% - 15\,375$

$$= 49\,965(元)$$

(2) 筹划后,该外籍人士每月个人所得税 $= (130\,000 - 4\,800) \times 45\% - 15\,375$

$$= 40\,965(元)$$

■ 结论:节税额 $= 49\,965 - 40\,965 = 9\,000(元)$

参 考 文 献

[1]   李成.税收筹划[M],北京：清华大学出版社,2010

[2]   童锦治.税收筹划[M],北京：科学出版社,2013

[3]   李晓红.税法[M],北京：清华大学出版社、北京交通大学出版社,2013

[4]   计金标.税收筹划[M],北京：中国人民大学出版社,2014